Danke

Hugh Tawse, Metzger in Rothes, für seine Ratschläge und Demonstrationen zur Haltbarmachung von Fleisch und zur Herstellung von Haggis. Karl Nielson und Rita Godsman, für ihre Geschichten über die Meeresfischerei an der Ostküste und für ihre Rezepte, die Generationen zurückreichen. David und Sheana Catto vom Spey Larder, für die Beschaffung der Zutaten. Allan und Marjorie Macpherson-Fletscher von Balavil, für die Leihgabe von Colonel Thornton's Sporting Tour. Den Bibliothekarinnen der Elgin Bücherei, für ihre Bemühungen bei der Buchbeschaffung.
Claudia Diewald, für die Möglichkeit, das Highlander Kochbuch zu schreiben und für die freundliche Stimme am anderen Ende des Telefons in Deutschland. Michaela Rudnick, für ihre Begeisterung und Unterstützung bei der Bearbeitung. Und schließlich einen großen Dank an Jörg, für die Übersetzung dieses Buches und zusammen mit unseren Kindern Francesco und Christina, für das Ausprobieren der Gerichte.

Fiona Bondzio

Highlander Kochbuch

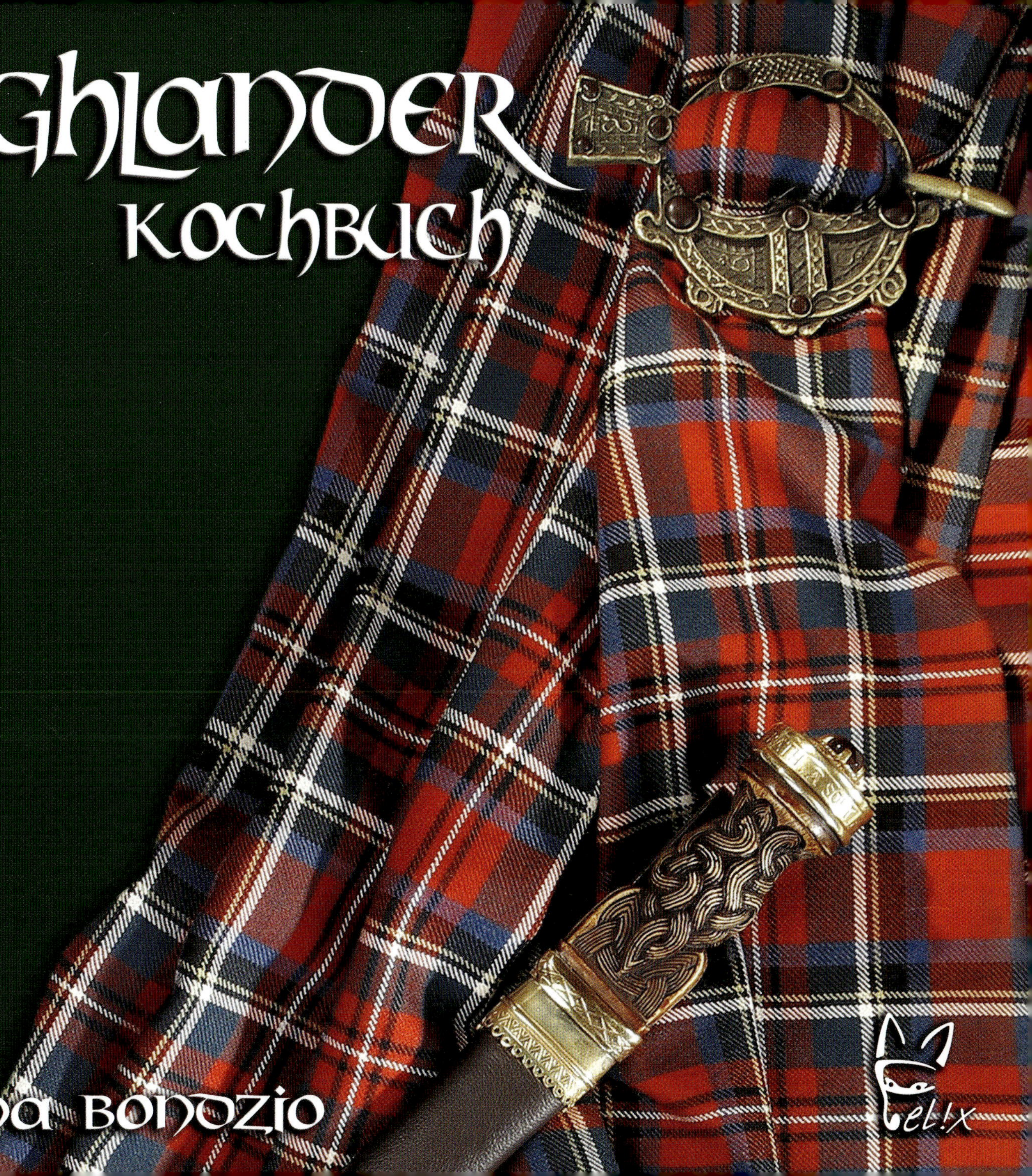

Fiona Bondzio

Fel!x

Impressum

Text:
Fiona Bondzio

Deutsche Übersetzung:
Jörg Bondzio

Lektorat:
Michaela Rudnick

Fotografie:
Foodfotografie: Klaus Rumler, www.rumler-photo.com
Archiv von Fiona und Jörg Bondzio,
Seite: 6, 8-9, 14-15, 17, 19, 21, 23, 25, 37
Vorsatz- und Nachsatzseiten
Archiv Tartan Museum, Seite: 11
Wolfgang Angsten, Seite 13, 18, 79

Kunstdrucke Seite: 29, 47, 65, 75, 81
Aquarelle von Hans Maria Mole

Historische Ausstattung:
Tartan Museum, Spall

Cover-Design:
Atelier Wolfrhine

Satz/Layout:
Agentur CD*PR

Druck und Verarbeitung:
PARIO PRINT

Verlag FEL!X AG
Weingasse 1
D-54487 Wintrich
Tel: 06534-94 87 911
verlag@felix-ag.de
www.felix-ag.de

Printed in the European Community

ISBN: 978-3-86738-044-7

3. Auflage 2014

Inhalt

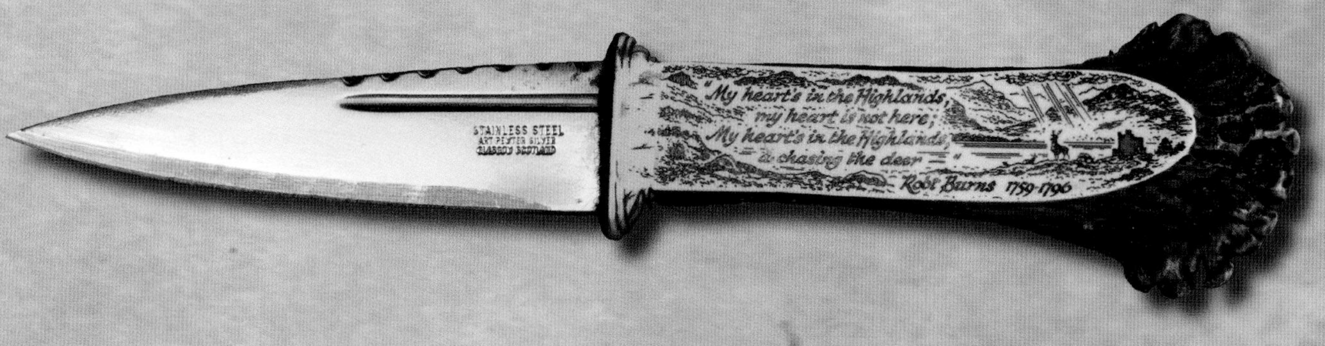
STAINLESS STEEL
"My heart's in the Highlands,
my heart is not here;
My heart's in the Highlands,
a-chasing the deer"
Robt Burns 1759-1796

Fleischgerichte

Fischgerichte

Gemüsegerichte

Getreidegerichte

Nachspeisen

Getränke

Saucen

Einleitung

Der Highlander gehörte zur gälischen Kultur und einem geografischen Gebiet, das, bis zur katastrophalen Jakobiterniederlage der gälischen Clans bei Culloden im Jahre 1746, vom restlichen Schottland weit abgelegen war. Dieses Buch behandelt die Zeit, in der die gälische Kultur am einflussreichsten war, vom Mittelalter bis zum Ende des 18. Jahrhunderts. Diese Zeitspanne schließt den Einfluss des frühen irisch-gälischen Zustroms, der Wikingerzeit, der deutschen und holländischen Händler (die Hanse) und des alten französischen Bündnisses mit ein.

Zu dem semi-autonomen Königtum der Gälen gehörte das gesamte Land nördlich von Perth, den Inseln der Nord- und Westküste bis zu den weit im Meer gelegenen Äußeren Hebriden. Das gälische Reich war ein riesiges Gebiet von heimtückischen Meeren, sturmgepeitschten Inseln, wilden Gebirgen und ohne jegliche Infrastruktur. Das Land war unerschlossen, bis General Wade nach der Jakobiter Revolution 240 Meilen Militärstraßen baute. Daher lag, weit weg von jedweden Staatsgesetzen, die gesamte Autorität bei den Clan Chieftains, deren mächtigster der Herr der Inseln war, der „Lord of the Isles".

Raubzüge und Streitigkeiten der Clans über Landgebiete, Vieh und Fischrechte waren an der Tagesordnung und Pacht, zahlbar an die Chieftains in Form von Dienstleistungen und Naturalien, bedeutete für die Mehrzahl der Bevölkerung aufregende Zeiten.

Evokative Beweise für den großen gälischen Lord of the Isles sind noch heute in den High Crosses und den gemeißelten Steinbildnissen der Clan Nobilität und deren Krieger in der uralten Abtei von Iona, der Wiege des Christentums in den Highlands, zu sehen. Das Christentum erreichte die Küste von Iona im 6. Jahrhundert mit der Landung des irischen Mönches St. Columba. Trotz der isolierten Lage von Iona hatte das Christentum einen weitreichenden Einfluss, was man an der Anzahl der kirchlichen Fasten- und Fischtage erkennen kann.

Da nur wenige schottische Rezepte von vor der Zeit des 16. Jahrhunderts vorliegen, kann man frühe Informationen über die Highland-Ernährung nur aus archäologischen und ethnologischen Studien ableiten.

Die geografischen und politischen Umstände des Landes – umgeben von der Nordsee, dem Atlantischen Ozean und auf Kriegsfuß mit dem angrenzenden England – hatten zur Folge, dass die Highlands in den ersten Jahrhunderten glücklicherweise unverändert in ihren Kochgewohnheiten geblieben sind.

Später war der irische, holländische und am meisten der nordische Einfluss ganz stark in der Highland-Küche vertreten.

Viele Gerichte der Inseln Shetland und Orkney liefern, durch die Beibehaltung ihrer nordischen Namen, noch heute die Beweise ihrer skandinavischen Abstammung. Durch eine Reihe von Verheiratungen mit dem französischen Königshaus fanden Gerichte wie Ragout, Frikassee und Collops ihren Weg auf die Tafeln der Chieftains.

Das unwirtliche Land, die stürmischen Meere und das harte Klima bedeuteten, dass die meisten Highlander ein unerbittliches Leben führten. Dem zum Trotz hatten sie zu jeder Jahreszeit ein Essen, das nahrhaft war: eine herzhafte Brühe, ohne die keine Highland-Küche vorstellbar wäre.
Der Verzehr von wärmenden Eintöpfen aus Gerste,

Hafer, Fisch, Kohl, Erbsen und Wurzelgemüse empfiehlt sich denjenigen von uns, die in der nördlichen Hemisphäre leben, von selbst. Dazu kommt, dass die Verwendung von Meeresfrüchten, Seetang, wildwachsenden Kräutern und Gemüsen, getrockneten und frischen Früchten im Einklang mit modernen Essgewohnheiten steht.

Einige der einfacheren Rezepte, die diese Zutaten beinhalten, haben sich bis in die Neuzeit nicht verändert. Am bemerkenswertesten für den modernen Koch ist die mangelnde Vielfalt an Kräutern und Gewürzen. Aber der Highlander wusste genau wie er mit einer Handvoll wilder Petersilie, Liebstöckel oder Dill seine Speisen perfekt verfeinerte.

Viele Gerichte, wie geräucherter und eingelegter Lachs, sind damals aus der Not entstanden und gelten heute als Delikatessen. Gepökelt, eingelegt oder geräuchert waren Fisch und Fleisch eine wichtige Nahrung und jeder Highlander kannte diese Konservierungsmethoden. Aber was einst eine lebenswichtige Notwendigkeit war, ist heute eine kulinarische Kunstform, denn Zutaten wie Stockfisch und gepökeltes Rindfleisch sind heutzutage nur noch selten zu bekommen.

In diesen Fällen habe ich ein authentisches Alternativrezept aufgeführt, damit man diese schmackhaften Gerichte der Vergangenheit dennoch erleben und genießen kann.

Das tägliche Leben

Das tägliche Leben der Highlander war wie kein anderes in Westeuropa. Ihr Leben wurde bestimmt vom Clan, was „Kinder" auf gälisch bedeutet, ihr Wohlbefinden hing vom Verband der Verwandtschaft und der Treue zu ihrem Chieftain ab.

Nur wenige Highlander wären, wegen Streitigkeiten über Landeigentum und Viehdiebstahl, ohne Waffen angetroffen worden. Ihre Treue im Kriegsdienst wurde von den Chieftains mit Landeigentum belohnt, für das dann Pacht erhoben wurde. Auf diese Pacht wurde jedoch in harten Zeiten oft verzichtet, da dem Chieftain viel am Wohlbefinden seiner Leute lag.

Wenn die Männer nicht für den Chieftain arbeiten mussten oder von zu Hause weg waren, so war das tägliche Leben mit Arbeit auf dem Land und in den Fischgebieten ausgefüllt. Ohne Straßen oder Verbindungen zu Märkten war der Highlander vollkommen auf sich alleine gestellt. Arbeiten wie Pflügen, Mahlen, das Weben von Decken, Torf stechen, Seetang trocknen, Fischzeug reparieren und Dachdecken wurden in Gemeinschaftsarbeit verrichtet.

Diese nie endenden und teilweise sehr anstrengenden Arbeiten erforderten, den Tag früh mit einem kräftigen Frühstück mit Porridge und Sahne, Haferkeksen, geräuchertem Fisch oder Käse zu beginnen.

Das Feuer durfte Tag und Nacht nicht ausgehen und wurde nie verschwendet. Der Kessel siedete von den frühen Morgenstunden an, mit einem nahrhaften Mittagessen aus Gerstenbrühe auf dem Land und einer Fischsuppe an der Küste, aber immer zusammen mit Bannocks.

Frühe Abendessen waren leichter und bestanden aus Käse oder Fischgerichten mit Hafergrützeknödeln und später Kartoffeln. Dazu wurde Milch, Buttermilch oder Bier getrunken.

Das Leben in den Highlands war zwar hart und herausfordernd, aber durchaus nicht ohne Abwechslung. In den alten Zeiten wurden alle gälischen Feiertage gefeiert und die Chieftains boten all ihren Leuten offene Gastfreundschaft an riesigen

Tafeln an, die die ganze Länge der großen Hallen einnahmen.

Es gab eine genaue soziale Rangordnung, die sich in der Platzierung und dem Essen und Trinken des Einzelnen ausdrückte. Die Chieftains saßen am Kopfende der Tafel und tranken Claret und aßen Fleisch, während man ihren Clansmännern Brot, Zwiebeln, Käse und Bier auftischte. Für Unterhaltung sorgten Dichtung, Erzählungen und Gesang und mit Sicherheit tanzten alle Clanangehörigen den „ceilidh“ den Highland-Tanz, den „fling“ und den „reel“ zur Fidel.

Junge Clansmänner bewiesen sich in Wettkämpfen, den „Highland Games“. Baumstammwerfen, Steinwerfen und Hammerwurf waren Beweise der Männlichkeit und Stärke und boten den Chieftains die beste Gelegenheit, ihre zukünftigen Krieger auszusuchen.
Ceilidh Tänze und Highland Games sind bis heute Bestandteil des Highland-Lebens und vermitteln die starke Bedeutung einer lebhaften und pulsierenden Kultur.

Die Highland-Küche

Für Jahrhunderte war der Mittelpunkt der Highland-Wohnstätte buchstäblich die zentrale Feuerstelle auf dem Boden, wo sich die Familie zum Wärmen und Essen versammelte. Töpfe voll wohlschmeckender Brühe und die herzhaften Bannocks wurden über diesem Feuer gekocht – es war die Einfachheit selbst. Das Hauptbrennmaterial Torf, direkt im Moor gestochen, brauchte zum Brennen keinen Zug von unten und somit keinen Rost. Man entfachte das Feuer direkt auf dem Fußboden aus Steinplatten und der Rauch zog durch ein Rauchloch im gedeckten Dach ab. Demzufolge beschränkte sich das Kochen hauptsächlich auf Sieden, Schmoren und Köcheln, was nur wenig Aufsicht erforderte und zudem die beste Nutzung des Heizmaterials war.

Neben den rustikalen Holz- oder Korbmöbeln gab es als charakteristisches Merkmal einen Deckenbalken, der den gesamten Raum überspannte und als Aufhänger für die gusseisernen oder bronzenen Kessel und Töpfe diente, Außerdem befanden sich Haken am Rahmen des Rauchloches zum Räuchern von Fisch und Fleisch. Der Suppenkessel hing einfach an der Kette über dem Feuer und ein dreibeiniger, gusseiserner Topf mit gut schließendem Deckel wurde zum Backen in der Glut von Gerichten wie „Stovies“ und Pasteten verwendet. Geriffelte Platten und Roste waren zum Braten und Toasten, da Highlander ihr Essen gut durchgebraten mochten. Die Handhabung von enorm schweren, heißen Kesseln ist für den modernen Koch nur schwer vorstellbar, wenn man bedenkt, dass die größten Kessel bis zu 45 Liter fassten. Erst viel später wurde diese Küchenszene von Kaminen auf den Giebelseiten abgelöst, was auch die Einführung eines Schwingarmes, des „sway“ mit sich brachte und somit die Handhabung der eisernen Töpfe über dem Feuer sehr erleichterte.

Selbst noch im 18. Jahrhundert fand man Herde nur in den Häusern der Begüterten. Und obwohl sich die Küchen der Highland Chieftains mit ihren riesigen Feuerstellen, Backöfen und Herden nur wenig von denen des europäischen Adels unterschieden, wurde das tägliche Brot, aus hefefreien Haferkeksen und Bannocks, traditionell noch immer auf dem Backstein oder einer flachen Eisenplatte, die über dem glühenden Feuer hing, gebacken. Schottlands keltische Verbundenheit zu Irland, Wales und der Bretagne zeigt sich in dieser gemeinsamen Backtradition.

Ohne Infrastruktur hatten die Highlander nur wenig Verbindung zu den Märkten, wo man mit Sicherheit Tonwaren kaufen konnte und so half man diesem Mangel mit einer Vielzahl von Kisten, Schalen, Tellern, Servierplatten, Teigrollen, Stampfern, Eierständern, Löffeln und Quirlen ab, die alle aus Birken- oder Buchenholz gedrechselt wurden. Trinkgefäße, „Quaichs“ genannt, wurden kunstvoll aus kleinen Dauben verschiedener Hölzer gefertigt und mit Häuten, Glas und Silber verziert. Mit diesen hoch geschätzten Gefäßen wurde auch das „wee dram“ zelebriert – eine uralte Trinksitte, bei der der Quaich, gefüllt mit Whisky, herumgereicht wurde.

Highlander waren hochbegabt in der Herstellung von Flecht- und Korbwaren. Schalen, Platten und Kisten aus gedrehtem Gras, gefüllt mit Lebensmitteln, wurden in Korbschränken aufbewahrt.

Gabeln gab es an den prächtigen Tafeln der Highland Chieftains schon im 17. Jahrhundert, aber die allgemeine Bevölkerung hatte diese erst wesentlich später. Das Essen wurde in jener Zeit normalerweise mit dem Messer aufgespießt oder von Löffeln gegessen. Löffel und Schöpflöffel waren aus Horn gefertigt und traditionell wurde Porridge aus einer Birkenschale mit Hornlöffel gegessen.

Fleisch und Geflügel

Klima und Graslandschaft boten natürliche Weidegebiete für die einheimischen kleinen Rinder und Schafe. Es war allerdings notwendig, den Viehbestand im Herbst zu verringern. Viehtriebe über endlose Moorlandschaften zu den Märkten im Süden waren die Folge. Da Reichtum am Viehbestand gemessen wurde, war Viehdiebstahl an der Tagesordnung.

Seit alters her war Fleisch ein Hauptnahrungsmittel für alle, aber in der Mitte des 16. Jahrhunderts, während die Herrschaften weiterhin große Mengen an Fleisch verzehrten, waren die Speisen der Lehnseigenen auf Gerste und Hafer basiert. Fleisch wurde sehr wertvoll und Pacht und Schulden wurden dem Lehnsherrn in Naturalien bezahlt.

Das gepökelte Fleisch der gewöhnlichen Bevölkerung musste für eine lange Zeit reichen und wurde in herzhaften schottischen Brühen mit Gerste und Gemüse verwendet. Ab und zu auch um Haggis, den bekannten Pudding aus Innereien zu machen. Fleisch wie Steaks und Rinderbraten wurden nur von den Reichen oder zu speziellen Anlässen gegessen.

Frisches Fleisch war nur während der Frühlings- und Sommermonate verfügbar, wenn Gras und Seetang reichlich vorhanden waren.
Die bevorzugten Fleischsorten in den Highlands waren Rind- und Schaffleisch, gefolgt von Wild. Obwohl die Chieftains die alleinigen Jagdrechte auf ihrem Land hatten, lebte in der Bevölkerung die Vorstellung, dass ein Highlander das Recht habe, einen Hirsch auf dem Berg zu jagen oder sich einen Lachs aus dem Fluss zu angeln, weiter. Das bedeutete, dass gewildertes Fleisch oft den Weg in den Kochkessel fand.

Nur Milch- und Zuchtvieh wurde überwintert.
In Vorbereitung für den Winter wurde Fleisch eingepökelt, geräuchert, eingelegt oder getrocknet. Gepökeltes Rindfleisch oder Wild ist heutzutage nicht mehr leicht zu bekommen, aber unser Metzger legte für meine Rezeptversuche Fleisch für fünf Tage bis zu einer Woche in einer Pökellake ein. Ein Rezept zum Pökeln von Fleisch ist aufgeführt.

Schweinefleisch wurde fast nie von den Highlandern gegessen. Die Kleinbauern oder Crofters zogen jedoch Schweine groß, um das eingelegte Fleisch zum Export oder als Zahlungsmittel zu verwenden. Allerdings war die Mehrheit, mit Ausnahme der Regionen von Aberdeenshire, Shetland und Orkney gegenüber Schweinefleisch voreingenommen.

Geflügel und Eier wurden vor dem 18. Jahrhundert nur wenig vom einfachen Volk gegessen. Kleinbauern hielten Hühner nur, um sie als Naturalien-Bezahlung an den Lehnsherrn in Form von Geflügelfleisch und Eiern zu entrichten. Manchmal jedoch wurde ein Hahn geschlachtet, um mit „cock-a-leekie“, einer Hühner- und Lauch- oder Brennesselsuppe, das Frühlingsfest zu feiern.

Auf Orkney war es üblich, Gänse zu halten, die in den Kaminen geräuchert oder an der Luft getrocknet wurden. Auch Seevögel waren ein wichtiger Bestandteil der Nahrung von denen, die an der Küste lebten. Alle Wildvögel waren für die Pasteten des Adels reserviert, und da Wildtauben sehr beliebt waren, hatten fast alle schottischen Burgen ihre eigenen Taubenbruttürme.

Fisch und Schalentiere

Fisch war ein Hauptnahrungsmittel der Bevölkerung, die weit verstreut entlang der Nordsee- und Atlantikküste, an den Ufern der Inlandseen und den schnell fließenden Flüssen lebte. Süßwasser- und Meeresfische gab es in Hülle und Fülle und die Schotten waren richtige Experten in deren Haltbarmachung.

Die Nordmänner, die das meiste Land in den nordwestlichen Highlands und den Inseln vom 9. Jahrhundert bis ins Mittelalter besetzten, ließen die lebensnotwendige Kunst der Fischhaltbarmachung wie Salzen, Lufttrocknen und Heißräuchern zurück. Während des Mittelalters und sogar danach waren Lachse während ihrer Flusswanderungen so zahlreich, dass sie in riesigen Mengen mit Netzen gefangen wurden, um die ärmere Bevölkerung mit getrocknetem Fisch zu versorgen.
Demzufolge ist haltbarer Fisch in uralten Rezepten häufig zu finden. Der skandinavische Einfluss kommt am stärksten in Rezepten zum Ausdruck, die Fisch mit Dill, Senf und geräuchertem Schinken kombinieren, wie auch in der Kunst des Einlegens von Lachs, ähnlich dem Graved Lachs. Viele Rezepte nach uralter Tradition findet man noch immer mit ihrem original nordischen Namen auf Shetland und Orkney.

Fischfang war eine überaus wichtige Einnahmequelle im Nordwesten der Highlands, Shetland und Orkney. Luftgetrockneter Fisch (Stockfisch), gesalzener Kabeljau, trocken gesalzener Lachs und Hering waren die wichtigsten Güter für die deutschen und holländischen Händler der Hanse. Dazu kommt, dass die Holländer im 14. Jahrhundert gesalzenen Hering in Fässern einführten, was den Heringsboom im 17. und 18. Jahrhundert beschleunigte. Gesalzener Hering wurde ein Billignahrungsmittel, das in der Ernährung der Highlander über Jahrhunderte eine große Rolle spielte und eine perfekte Kombination mit Kartoffeln, nach deren Einführung im 18. Jahrhundert, war.

Während der Fischsaison riskierten die Männer ständig ihr Leben, um in offenen Booten in den heimtückischen Meeren Kabeljau, Lengfisch, Schellfisch, Hering, Makrelen und Lachs zu fangen. Der Fisch wurde für den Markt haltbar gemacht oder im häuslichen Kamin geräuchert. Nichts von diesem hart erarbeiteten Ertrag wurde verschwendet. Die Fischteile, die heutzutage nicht mehr verwendet

werden, wie Kopf, Leber und Rogen, wurden alle zu wohlschmeckenden Gerichten verarbeitet.

In den Sommermonaten wurden Schalentiere und Muscheln – heute eine teure Delikatesse – den Armen vorgesetzt. Der ganze Reichtum an Hummern, Austern, Krebsen, Muscheln (z.B. Herzmuscheln, Wellhorn Muscheln) wurde entweder als Hauptgericht gegessen, zu Füllungen verarbeitet oder in Suppen verwendet, um damit den Nährwert zu erhöhen.

Die reicheren Leute nahmen Austern zur Saucenherstellung für Fleischgerichte. Damals waren die Austern so groß, dass viele Highlander die Austernschalen als Trinkgefäße benutzten!

Wenn man bedenkt, wie viele Fische heutzutage als hochwertige Köstlichkeiten gelten, wird schnell ersichtlich, dass zahlreiche der Meeresfrüchterezepte schon damals einen Leckerbissen darstellten. Getrockneten oder geräucherten Fisch, der authentisch für einige Rezepte ist, erhalten sie normalerweise beim Fischhändler. Ansonsten greifen Sie einfach auf die Rezepte zum Einlegen und Einsalzen in diesem Buch zurück.

Milchprodukte und Eier

Highlander hielten Kühe, deren Milch den Mindestbedarf an Quark, Molke, Butter und Käse sicherte. Viele alte Rezepte basieren auf diesen Zutaten. In den Küstenregionen, wo die Leute mehr von geräuchertem oder gesalzenem Fisch und Seetang abhängig waren, wurde Milch zur Verringerung des Salzgeschmacks verwendet. Milch war auch Grundbestandteil von vielen Schalentier- und Gemüsesuppen. Andere Gerichte, die auf dem Hauptnahrungsbestandteil Hafer basierten, wurden mit Sahne und Buttermilch angereichert. Sie waren, ebenso wie Hüttenkäse, eine willkommene Beilage zu Oatcakes und Bannocks.

Kühe, Ziegen und Schafe wurden gemolken und man zog Schafmilch der Kuhmilch zur Käseherstellung vor. Zwei uralte Käsesorten der Highlands, die noch heute produziert werden, sind der „Caboc“ und der „Crowdie“. Der Ursprung des scharfen, säuerlichen „Crowdie“ findet sich vermutlich bei den Lehnsbauern des Grafen von Sutherland, während der cremige „Caboc“ zuerst von Matiotta de Ile, der Tochter des Herrschers der Inseln, hergestellt wurde. Salz, Hafermehl, Kümmel und Senf wurden diesen Käsesorten zur Geschmacksverbesserung zugefügt.

Frische Butter war nur im Sommer erhältlich, aber vermischt mit Salz, konnte sie in einem Bach oder Moorloch lange gelagert werden. Diese Butter wurde dann im Winter wieder mit frischer Milch verbuttert, sodass das Salz in der Buttermilch verblieb.

Eier waren für die mittelalterlichen Crofters ein seltener Genuss und wurden nur zur Herstellung von Pudding und zum Glasieren von Bannocks anlässlich gälischer Feiertage verwendet.

Fette

In den frühesten Rezepten aller nordeuropäischen Küchen waren Butter, Schmalz und Talg die einzigen Fette.
Das Kochen über der offenen Feuerstelle machte es leicht, Schmalz von der Brühe oder aus den Kesseln mit Schaf- oder Rindfleisch abzuschöpfen. Die Methode, das Schmalz von den Saucen der Braten zu gewinnen, war nur in den Häusern der Wohlhabenden möglich, die Bratspieße und Öfen hatten. Wegen der allgemeinen Abneigung gegen Schweinefleisch waren Schweineschmalz und Schinkenfett generell weniger vorhanden, allerdings durchaus gebräuchlich auf Shetland und Orkney.

Talg, ein Tierfett, das man um Herz und Lenden findet, wurde getrocknet, zerkleinert und in nahrhaften Gerichten verarbeitet, z.B. in herzhaften Klößen aus Hafergrütze.

Gemüse

Für die einfachen Leute, die am Rande des Existenzminimums lebten, war Gemüse ein wahrer Luxus. Das harte Klima, der karge Boden und die kurze Wachstumssaison zwangen die Menschen, ihre ganze Energie auf den Anbau von Hauptnahrungsmitteln wie Gerste und Hafer zu konzentrieren. Was immer an Gemüse angebaut oder gesammelt werden konnte, kam in die Suppe oder Brühe, der Grundlage der Highland-Küche über Jahrhunderte. Gemüse wurde selten als Beilage zu Fleisch- und Fischgerichten verwendet, weil es einfach viel zu wenig davon gab.

Der Anbau von Gemüse konzentrierte sich auf Grünkohl und Erbsen, später auch auf Kohlrüben und Kartoffeln. Die Bewohner von Caithness und den nördlichen Inseln bauten Brassicae, eine winterharte Kohlsorte, an. Lange vor dem 15. Jahrhundert wurde Grünkohl in Einfriedungen, den sogenannten „Kail yards“ angebaut und das sogar bei den ärmsten Leuten, die am Moorrand jenseits der Ackergrenze lebten. Grünkohl konnte man bereits im November essen, wenn die Frühjahrs-, Sommer- und Herbsterträge aufgebraucht waren. Er war eine lebensnotwendige Quelle an Vitamin C. Die Bedeutung des Grünkohls kann man an der Vielzahl an überlieferten Rezepten und Anekdoten ermessen.
Der Anbau von Erbsen war hauptsächlich auf die reicheren Böden der östlichen Küstengebiete von Easter Ross und Orkney beschränkt, wo sie in getrockneter Form eine wichtige Proteinquelle in Brühen, Klößen und Bannocks waren.

Erbsenmehl wurde häufig, in einer klassischen, skandinavischen Kombination mit Schweinefleisch, auf den von den Nordmännern beeinflussten Inseln Shetland und Orkney verwendet.

Diejenigen, die mehr als kleine Crofters waren, bauten auch Wurzelgemüse wie Lauch und Zwiebeln an. Lauch folgte gleich hinter Grünkohl als Schottlands beliebtestes Gemüse und wurde zur Geschmacksverbesserung von Brühen verwendet. Die berühmteste davon ist die uralte Hühner-Lauchsuppe „cock-a-leekie“.

Die Einführung der Kartoffel und der Kohlrübe im 18. Jahrhundert revolutionierte die vorher ausschließlich auf Gerste und Hafer basierende Nahrung der Highlander. Hauptsächlich die Kartoffel, etwas weniger die Kohlrübe, dominierte ab 1750 die Rezepte, wie „stovies“, „colcannon“ und natürlich Hering mit Kartoffeln.

Die Knappheit an Gemüse bedeutete auch ein ernsthaftes gesundheitliches Problem – es drohte die Mangelerkrankung Skorbut. Um dem abzuhelfen, sammelten die Highlander so viel wie möglich aus der Speisekammer der Natur, die während der Frühjahrs- und Sommermonate überquoll.

Junge Brennesseln und wilden Spinat verwendete man anstelle von Weißkohl. Pflanzen wie Sauerampfer, Löwenzahn, Pfefferkraut und Liebstöckel wurden als Salat verzehrt und wilder Sellerie, wilde Karotten, wilde Zwiebeln und Pastinaken wurden für den Suppentopf gesammelt.

Diejenigen, die an der Atlantikküste lebten, sammelten den hochnährstoffhaltigen „Dulse" (Seetang) für Suppen und Gelees, die sie normalerweise mit Milch vermischten.

Korn und Getreide

Bedingt durch das Klima und die mangelnden Anbaumöglichkeiten, wurde bis zu den Verbesserungen in der Landwirtschaft im 18. Jahrhundert nur wenig Weizen in Schottland angebaut. Das harte Klima in den Highlands ließ nur den Anbau der robusten Hauptgetreidearten wie Gerste, Bere (eine Gerstenart, die auf Orkney angebaut wird) und dem Wintergetreide Hafer zu. Diese Getreidesorten fanden hauptsächlich Verwendung in Haferbrei, Haferschleim und in Gerstenbrühe. Sogar Füllungen, Glasuren und Saucen wurden fast immer mit Hafermehl hergestellt.

Haferkekse und Bere Bannocks, die die meisten Gerichte begleiteten, wurden auf einer Steinplatte im Ofenraum oder auf einer runden gusseisernen Platte über dem offenen Feuer gebacken. Das Grundrezept besteht aus Hafer- und Bere-Mehl, vermischt mit Salz, Wasser und etwas Fett. Weitere Zutaten wurden nur verwendet, um den Wechsel der gälischen Jahreszeiten zu feiern.

Eine wunderbare Aufzeichnung, wie schottische Soldaten ihre Haferkekse während des Feldzuges gebacken haben, wird in den Chroniken von Jean Froissart aus dem 14. Jahrhundert erwähnt.
Er beschreibt, wie die Engländer ihre Brote in Satteltaschen transportierten, die bald durch den Regen und den Schweiß der Pferde aufweichten, während die Schotten ihre gusseisernen Platten und kleine Säcke mit Hafermehl mit sich führten.

„*… wenn diese Platten über einem Feuer erhitzt waren, vermischten sie ihr Hafermehl mit Wasser und gaben etwas von dieser Mischung darauf und machten einen dünnen Fladen, um ihre Mägen zu erwärmen …*“
Er schließt: „*Es ist kein Wunder, dass die Schotten länger marschieren konnten als andere Männer.*“

Gerste wurde später als Grundnahrungsmittel immer unbeliebter und wird heute fast ausschließlich in der Getränkeindustrie und als Viehfutter verwendet. Aber man kann dieses wohlschmeckende und hochnährstoffhaltige Getreide in Supermärkten und Geschäften als Perlgerste kaufen, die ideal für alle Brüherezepte ist. Bere-Mehl ist schwerer erhältlich, selbst in Schottland, aber gute Reformhäuser führen es. Man kann jedoch für alle Bannock-Rezepte Hafermehl anstelle von Bere-Mehl verwenden.
In unserem gesundheitsbewussten Zeitalter ist es interessant zu wissen, dass Hafer, und sogar mehr noch die Gerste, Beta-Glucan enthält, das zur Verringerung des Cholesterins empfohlen wird und dazu noch eine hochwertige Quelle von löslichen Ballaststoffen ist.

Was immer an Weizen erhältlich war, wurde von Stadtbäckern und den Köchen in den Clansburgen zur Herstellung von Hefebroten, Pasteten und Butterkeksen, wie dem berühmten „Shortbread“, verwendet.

Kräuter und Gewürze

Die Highlander würzten ihre Gerichte nicht sehr stark, da der Gebrauch von Gewürzen ein Luxus war. Die wenigen Gewürze, die sie hatten, lieferten deshalb eine feine Verbesserung der Gerichte, ohne den eigentlichen Geschmack zu verändern oder die Hauptzutaten zu überdecken. Mit Salz oder Essig konservierte Lebensmittel brauchten sowieso nur wenig andere Gewürze.

Petersilie und Liebstöckel waren während vieler Jahrhunderte die gebräuchlichsten Kräuter in der Highland-Küche. Liebstöckel war mit seinem herben Aroma perfekt für Brühen und Fischgerichte, während Petersilie häufiger wegen ihres frischen Aromas verwendet wurde. Thymian- und Pfefferminzzweige wurden, ähnlich wie heutzutage ein Bouquet garni, für Eintöpfe mit Lamm und Huhn gebraucht.

Die Verwendung von Dill und Meerrettich ist ein klarer Beweis für den nordischen Einfluss und man findet beides häufig in der Kombination mit Senf. Mit seinem scharfen Aroma war Senf ein sehr beliebtes Gewürz, das schon im 14. Jahrhundert in der „Forme of Cury“ Erwähnung findet. Es waren die natürlichen Konservierungsstoffe, die Senf so überaus wertvoll machten. Die darin enthaltenen ätherischen Öle verhinderten das Wachstum von Bakterien und Schimmel. Getrocknete Senfkörner, gemahlen und vermischt mit „Alegar“ und oft auch Honig oder Wacholderbeeren, waren die Hauptgrundlage für ein Konservierungsmittel, das ideal für Fisch und Schweinefleisch war.

„Alegar“ ist ein Malzessig aus Gerste, der nicht nur zum Einlegen von Fleisch und Fisch verwendet wurde, sondern auch als Salzersatz, zum Beispiel in Seetangrezepten. In den Küstenregionen nahm man getrockneten Seetang als Gewürz zur Geschmacksverbesserung von milden Gerichten wie Kartoffelbrei, als Relish oder, zusammen mit Fisch, frisch gekocht.

Früchte und Nüsse

Frische Früchte waren in großen Teilen Schottlands fast nicht vorhanden und dieser Mangel war für viele Krankheiten verantwortlich.

In den Highlands jedoch wuchsen wilde Erdbeeren, Himbeeren, Preiselbeeren und Blaubeeren im Überfluss. Sie wurden während des ganzen Sommers gegessen und boten eine lebenswichtige Quelle an Vitamin C, das die Highlander so dringend brauchten. Die meisten Früchte wurden entweder gekocht gegessen oder haltbar gemacht.

Vor 1650 waren Beeren der Hauptsüßstoff, obwohl sie fast gar nicht zum Kochen verwendet wurden.

Preiselbeeren, Heidelbeeren und Blaubeeren wurden mit Sicherheit für den Gebrauch im Winter getrocknet und fanden in Hafer- und Gerstenfladen Verwendung.

Um 1600 wurden die ersten Kulturfrüchte wie Äpfel, Birnen und Zwetschgen in den ummauerten Gärten der großen Häuser in den westlichen Highlands gepflanzt und deren Haltbarmachung war die Aufgabe der Hausherrin.

An Nüssen war nur die Haselnuss bekannt, die, eingelagert für den Winter, über dem Feuer geröstet und gegessen wurde. In Zeiten von Getreidemissernten wurden Haselnüsse zu Mehl vermahlen.

Honig und Zucker

Honig war ein hoch geschätztes Süßungsmittel, eine Medizin und ein Konservierungsmittel, das man von wilden Bienenvölkern sammelte. Es wurde eine große Vielfalt an Honigsorten produziert, der beste davon war der Heidehonig.

Um Fisch und Fleisch zu konservieren, vermischte man Honig mit Essig und Senf. Außerdem diente Honig als Süßungsmittel für Haferbrei und Porridge und an gälischen Feiertagen zum Backen der Bannock-Kekse.

Getrocknete Früchte wurden ebenso an Festtagen, wie z.B. am Michaelitag, als Süßungsmittel für das Backen von besonderen Broten, den „Preiselbeer Struans", genommen.

Mit Einrichtung der europäischen Kolonien war Zucker ab 1650 erhältlich. Glasgow wurde im 18. Jahrhundert Britanniens größter Zuckerimporteur. Aber auch dann wurde Zucker hauptsächlich von den wohlhabenderen Leuten verwendet. Es wurden Früchte in Gelee, Sirup, Marmelade und Pasten für den Gebrauch während der Wintermonate haltbar gemacht. Dies war der kulinarische Zeitvertreib der Damen reicher Häuser, die dann auch einige der ersten schottischen Rezeptsammlungen erstellten.

Getränke

Die „Drinks“ beginnen mit dem berühmtesten schottischen Geschenk, dem Malt Whisky. Whisky stammt vom gälischen Begriff „Uisge Beatha“, dem Wasser des Lebens, und wurde von geschickten Einheimischen aus Gerstenmalz hergestellt. Seine früheste schriftliche Erwähnung findet sich in einer Anweisung König James IV. von 1494, „aqua vitae“ aus Malz herzustellen. Es ist anzunehmen, dass der König erstmals während seines Feldzuges gegen den Fürsten der Inseln in den Genuss von „Uisge Beatha“ kam.

Whisky wurde von allen Highlandern getrunken. Man sagt ihnen sogar nach, dass sie stets ein „Schafbockhorn gefüllt mit Uisge Beatha“ mit sich führten. Whisky wurde nicht zum Kochen verwendet, da er für zu wertvoll gehalten wurde.

Es galt als sehr gesundheitsfördernd, in dem kalten, feuchten, schottischen Klima Whisky zu trinken. Ein Rezept für das uralte, auf Whisky basierende Getränk „Atholl Brose“, das den Offizieren und Unteroffizieren der Argyll und Sutherland Highland Regimente zu „Hogmanay“, dem Silvesterfest, kredenzt wurde, ist im folgenden Rezeptteil aufgeführt.

Neben der beliebten Milch und Buttermilch, war Ale, ein dunkles, kohlensäurearmes Bier, das gebräuchlichste Getränk in den Highlands. Obwohl den Kleinbauern, oder Crofters, das Brauen von Gerstenmalz zur Herstellung von Ale durchaus bekannt war, stellte dies in ihren Augen eine kostspielige Verwendung dieses hart erarbeiteten Getreides dar. Deshalb verwendeten sie zur Herstellung des Gebräus nur wenig Gerste und vermischten sie stattdessen mit Heidekraut, Schwarzkiefernadeln oder Seetang.

Zum Erntedankfest wurde damals oft ein Mischgetränk aus Ale, Mead (Met) und Whisky getrunken.

Fleischgerichte

Gerstenbrühe mit Rindfleisch

Rind- und Schaffleischbrühen waren, quer durch alle sozialen Ränge, die Grundpfeiler der Ernährung in den Highland-Familien.

Für 6 Personen:

1 kg Rinderbeinfleisch (Unterbein) am Knochen oder gepökelter Rollbraten (über Nacht in Wasser einlegen)
1 Tasse Perlgerste
1 große Zwiebel, gehackt
1 Stange Lauch, gewürfelt
200 g Karotten, gewürfelt
200 g Kohlrüben, gewürfelt
200 g Grünkohl, fein geschnitten
2 EL Liebstöckel
Gewürze nach Geschmack

Gepökeltes Fleisch nicht mehr salzen!

Die Gerste über Nacht einweichen, abspülen und abgießen. Das Fleisch, die Gerste und die Zwiebeln in einen großen Topf geben und mit Wasser bedecken. Zum Kochen bringen und für mindestens 1 Stunde leicht sieden lassen, zwischendurch den Schaum abschöpfen, damit die Brühe klar bleibt. Das Gemüse und den Liebstöckel dazugeben und für eine weitere halbe Stunde sieden lassen. Das Fleisch herausnehmen, vom Knochen lösen, zerkleinern und wieder zurück in die Brühe geben. Nach Belieben würzen und mit Haferkeksen oder Bere Bannocks servieren.

Pökeln von Fleisch

1-2 kg Rinderrollbraten oder Zunge
5 l Wasser
500 g brauner Zucker
1 kg grobes Meersalz
1 TL Wacholderbeeren
1 Zweig Thymian
150 g Salpeter (nicht zwingend)

Alle Zutaten für die Pökellake zum Kochen bringen, bis sich Zucker und Salz aufgelöst haben. Vom Herd nehmen und (evtl. über Nacht im Kühlschrank) kalt werden lassen. Das Fleisch in die kalte Lake geben (muss ganz bedeckt sein) und das Ganze 5-7 Tage im Kalten stehen lassen.

Potted Hough (Rinderbein in Aspik)

Für 6 Personen:

1 kg Beinfleisch (Unterbein) am Knochen
1 Rinderknochen
Salz

Das Fleisch und den Knochen in einen Topf geben, mit Wasser bedecken und für 5 Stunden leicht köcheln lassen, bis das Fleisch sehr weich ist, anschließend aus der Brühe nehmen und diese beiseitestellen. Das Fleisch von Knochen lösen und zerkleinern. Die Brühe durch ein Sieb in einen anderen Topf gießen, erkalten lassen und das Fett abschöpfen. Das Fleisch zurück in die Brühe geben, für weitere 10 Minuten sieden lassen und nach Belieben abschmecken. Jetzt das Fleisch erneut abgießen, in eine angefeuchtete Ton- oder Glasform geben und mit der Brühe bedecken. Über Nacht in den Kühlschrank stellen und fest werden lassen. Kalt mit Haferkeksen und scharfem Senf servieren.

Gepökeltes Fleisch mit Karotten

Für 4 Personen:

1 kg gepökeltes Fleisch
8 Karotten, gewürfelt
2 Zwiebeln, gewürfelt
1 Bund Thymian

Das gepökelte Fleisch vor dem Kochen für 24 Stunden in kaltes Wasser legen, zwischendurch das Wasser mehrere Male wechseln. Alle Zutaten in einen Topf geben, gut mit Wasser bedecken und für 1 ½ Stunden leicht sieden lassen. Mit Colcannon servieren.

Beef Stovies

Für 4 Personen:

750 g Kartoffeln, geschält und in dicke Scheiben geschnitten
2 große Zwiebeln, gewürfelt oder in Ringe geschnitten
50 g Rinderschmalz oder Butter
5 EL Rinderbrühe
5 EL Hough oder zerkleinertes Pökelfleisch
1 TL Thymian, getrocknet
Salz

Reste vom Hough oder gepökeltem Fleisch wurden in einem dicht schließenden, schweren Topf in der Glut zu Beef Stovies verarbeitet. Ein einfaches, aber geschmackvolles Gericht.

Das Fett in einem Topf schmelzen und die Zwiebeln darin goldgelb andünsten. Die Kartoffelscheiben und das Fleisch darüberschichten, das Ganze mit Thymian und Salz (nicht bei Verwendung von Pökelfleisch) abschmecken und mit der Brühe angießen. Den Topf mit dem Deckel gut verschließen und alles bei schwacher Hitze garen (etwa 1 Stunde). Sollten die Kartoffeln am Boden kleben, einfach etwas Brühe nachgießen.

Hotch Potch

Dieser Eintopf mit Lamm machte das Beste aus dem Frühsommergemüse und wurde mit Bere Bannocks oder Haferkeksen serviert.

Für 6 Personen:

1 kg Lamm, Halsgrat
1 Markknochen
1 Bund Frühlingszwiebeln
2 Tassen frische Erbsen
2 Tassen dicke Bohnen
2 Kohlrüben
4 Karotten
1 Bund Brennnesseln oder Spinat, gehackt
1 Bund Liebstöckel, gehackt
1 TL frische Petersilie
1 TL frische Minze

Das Fleisch und den Knochen in einen Topf geben, gut mit Wasser bedecken und zum Kochen bringen. Zwischendurch immer wieder den Schaum und das Fett abschöpfen, damit die Brühe klar bleibt.

Nach 1 Stunde Siedezeit Rüben, Karotten, Zwiebeln, Bohnen und die Hälfte der Erbsen dazugeben und für eine weitere ½ Stunde zugedeckt sieden lassen. Jetzt alles bis auf die frischen Kräuter zufügen und nochmals für ½ Stunde köcheln lassen. Zum Schluss den Knochen entfernen, die Kräuter und das klein geschnittene Fleisch dazugeben und mit Bere Bannocks oder Oatcakes servieren.

Hammelpastete

Haltbare Pasteten mit Deckel waren in ganz Schottland sehr beliebt. Die Kruste der Pastete wurde traditionell mit heißem Wasser hergestellt.

Für 4 Personen:

Pastete:
450 g Mehl
100 g Schweineschmalz
300 ml kochendes Wasser
1 Prise Salz
1 Ei

Füllung:
500 g Lammhackfleisch
1 Zwiebel, fein gehackt
1 TL Thymian
4 EL Brühe
1 EL Liebstöckel oder Petersilie, fein gehackt
½ TL Salz

Den Ofen auf 180° C vorheizen. Die Zutaten für die Füllung, bis auf die Brühe, gut vermengen. Ein Backbrett bemehlen. Das Schmalz schmelzen und zusammen mit dem kochenden Wasser und einer Prise Salz dem Mehl zufügen und schnell zu einem Teig verarbeiten. ¼ des Teiges in ein Küchentuch einschlagen und warmhalten. Den restlichen Teig dünn ausrollen, eine Kastenform damit auslegen, die Füllung in die Pastete geben und die Brühe darübergießen.
Aus dem warmgehaltenen Teig einen Deckel ausrollen, auf die Pastete geben und gut zusammendrücken.
Zwei Einschnitte in den Deckel machen, damit der Dampf beim Garen austreten kann.
Mit dem Ei bestreichen und für 30-45 Minuten im Ofen garen, bis die Pastete goldbraun ist.

Haggis

Haggis ist Schottlands ältestes Gegenstück zur Wurst. Traditionell wird es aus einem mit Innereien, Schmalz und Hafermehl gefülltem Schafmagen gemacht. Alternativ kann auch Wild verwendet werden.

Für 4 Personen:

1 Reh- oder Lammherz
100 g Reh- oder Lammleber
100 g zerkleinerter Rindertalg
225 g Hafermehl
2 Zwiebeln, fein gehackt
2 EL Petersilie, fein gehackt
250-300 ml Rinderbrühe
1 TL Essig
1 ½ TL Salz

Die Leber und das Herz für ½ Stunde kochen, abgießen und das Fleisch zusammen mit dem Rindertalg und den Zwiebeln durch den Wolf drehen. Hafermehl, Petersilie, Essig, Rinderbrühe und Salz zugeben, die Mischung sollte feucht, aber nicht nass sein. Die Mischung vorsichtig in eine Puddingform füllen, daran denken, dass die Masse beim Garen noch aufgeht. Ein Musselintuch über die Form geben und mit einem Gummiband befestigen. Die Form in einen zu ¾ mit heißem Wasser gefüllten Topf stellen und für 1 ½ Stunden sieden lassen.

Mock Haggis

Dies ist ein Ersatzrezept, für das man keine vorgekochten Innereien benötigt.

Für 4 Personen:

250 g Reh- oder Lammleber
125 g zerkleinerter Rindertalg
200 g Hafermehl
60 g Haferflocken
2 Zwiebeln, fein gehackt
75 ml Brühe
½ TL Salz
1-2 EL Petersilie, gehackt

Alle Zutaten durch den Fleischwolf drehen, gut vermengen und in eine Puddingform füllen. Ein Musselintuch über die Form geben, mit einem Gummiband befestigen. Die Form in einen zu ¾ mit heißem Wasser gefüllten Topf stellen. Für 2 Stunden mit geschlossenem Deckel sieden lassen. Mit Colcannon oder Grünkohl servieren.

Wildeintopf

Für 4 Personen:

1 kg Wild
1 EL Schmalz
1 Zwiebel, in Ringe geschnitten
2 Knoblauchzehen
1 Selleriestange, gewürfelt
2 Karotten, gewürfelt
1 Kohlrübe, gewürfelt
1 Lauchstange, gewürfelt
1-2 EL Honig
500 ml dunkles Bier
3 Zweige Thymian
6 Wacholderbeeren
Salz

Die Zwiebeln und die ganzen Knoblauchzehen in dem heißen Schmalz goldgelb andünsten, dann den Knoblauch entfernen.
Das Fleisch zugeben und hellbraun anbraten. Anschließend die restlichen Zutaten hinzugeben und das Ganze auf kleiner Flamme für 1 Stunde (evtl. etwas länger) garen.
Mit Colcannon servieren.

Nettle Kail

Traditionell wurde dieses Gericht, um die Frühjahrsarbeit zu segnen, am Faschingsdienstag gegessen. Die Highlander nahmen hierfür einen Hahn, der 1 Jahr alt war.

Für 4 Personen:

1 Suppenhuhn (1-1,5 kg)
500 g Brennesselspitzen, ersatzweise Spinat
25 g Hafermehl
Salz und Pfeffer nach Belieben

Füllung:
100 g Hafer- oder Gerstenmehl
1 kleine Zwiebel, gehackt
1 EL Knoblauchblätter, gehackt
1 EL Pfefferminzblätter, gehackt
½ TL Salz
Butter

Für die Füllung die Zwiebeln in etwas Butter weich dünsten, das Hafermehl 5 Minuten mitdünsten und alles mit Salz, Knoblauch- und Pfefferminzblättern vermengen.
Die Füllung in das Huhn stopfen und die Beine zusammenbinden. Anschließend in einen Topf geben, mit Wasser bedecken und zum Kochen bringen. Das Huhn für 1 ½ Stunden sieden lassen (bis es gar ist). Jetzt das Hafermehl und die Brennesseln in die Brühe geben und weitere 10 Minuten köcheln. Die Brennesseln mit einem Sieblöffel aus der Brühe nehmen und zusammen mit dem Huhn und der Füllung servieren.

COLLOPS

Das Wort stammt vom französischen „Escalope“ und zeigt deutlich die Verbindung der reichen Chieftains zum französischen Hof.

Für 4 Personen:

2 EL Butter
3 Zwiebeln, in dünne Ringe geschnitten
8 dünne Rinderfiletsteaks
2 EL Verjus
2 Anchovisfilets
Salz

Die Zwiebeln in der Hälfte der Butter goldgelb andünsten, Verjus dazugeben und die Anchovisfilets darin zergehen lassen. In einer zweiten Pfanne die Filetsteaks in der restlichen Butter kurz anbraten, bis sie gebräunt sind.

Die Bratflüssigkeit zusammen mit 2 EL Wasser in die Zwiebelpfanne geben, umrühren und nach Belieben mit Salz abschmecken. Die Filetsteaks auf den Zwiebeln servieren.

Glenfarclas
12
YEARS OLD

Cock-a-Leekie

Bei Cock-a-Leekie handelt es sich um ein uraltes Rezept für eine Suppe, die man an den besser betuchten Tischen serviert bekam. Den mittelalterlichen Einfluss kann man an der ungewöhnlichen Beigabe von getrockneten Pflaumen erkennen.

Für 6 Personen:

1 Suppenhuhn
1 großer Markknochen
10 Stangen Lauch, gehackt
20 Pflaumen, entkernt und getrocknet
1 kleiner Bund Thymian, frisch oder ½ TL Thymian, getrocknet
8 Wacholderbeeren, zerdrückt
1 TL Petersilie, gehackt
Salz

Das Huhn mit dem Markknochen, Thymian, Wacholderbeeren und Salz in einen Topf geben und gut mit Wasser bedecken. Das Grüne vom Lauch in die Suppe geben und alles zum Kochen bringen. Für 2 Stunden (bis das Huhn gar ist) leicht sieden lassen.
Das Huhn und den Markknochen aus der Brühe nehmen, diese abseihen und wieder in einen Topf geben. Das zerkleinerte Hühnerfleisch, die Pflaumen, das Weiße vom Lauch und die Petersilie dazugeben. Das Ganze nochmals 15 Minuten köcheln lassen.
Mit Bere Bannocks servieren.

Rebhuhn in Austernsauce

In der Küche der Chieftains galten Rebhühner als Delikatesse und wurden deshalb mit speziellen Austernsaucen zubereitet.

Für 4 Personen:

4 junge Rebhühner
25 g Butter
4 Selleriestangen, klein geschnitten
2 Knoblauchzehen
200 ml Weißwein
6 frische Austern in der Schale

Die Rebhühner zusammen mit dem Knoblauch in der Butter braun anbraten. Die Knoblauchzehen wieder entfernen, die Selleriestangen zugeben und alles mit dem Wein angießen. Einen Deckel auf die Pfanne geben und die Rebhühner auf kleiner Flamme 30-45 Minuten (bis sie gar sind) köcheln lassen.

Währenddessen die Austern über einer Schüssel öffnen, die Flüssigkeit hierbei auffangen. Wenn die Rebhühner gar sind, die Austern mit der Flüssigkeit in die Sauce rühren und kurz mit erwärmen.

Wildpastete

Diese Pastete wurde traditionell mit Motiven von Hirschen und Hunden verziert.

Für 6 Personen:

500 g Wildfleisch, fein gewürfelt
400 g Tauben- oder Hasenfleisch, fein gewürfelt
40 g Mehl, vermischt mit ½ TL Senfpulver
1 Zwiebel, fein gehackt
2 EL Schmalz oder Butter
600 ml Rinder- oder Wildfond
1 TL Essig
2 EL Petersilie, gehackt
1 TL Thymian
100 g Preiselbeeren, getrocknet
6 Wacholderbeeren
500 g shortcrust pastry (fertiger Pastetenteig)
1 Ei oder etwas Milch

Die Fleischwürfel in dem Mehl wenden und in Butter leicht anbraten.
Alle anderen Zutaten hinzugeben und für 15 Minuten garen lassen. Diese Mischung in eine Pastetenform füllen.
Den Pastetenteig ausrollen, über die Form legen, die überstehenden Ränder abschneiden (hiermit kann die Pastete verziert werden) und schmale Einschnitte in den Teigdeckel machen.
Die Pastete mit Ei oder Milch bestreichen und im vorgeheizten Ofen bei 180° C für 45 Minuten backen.

Mit Colcannon oder Grünkohl servieren.

Fischgerichte

Cullen Skink

Dieses Rezept stammt aus dem Ostküstenfischerdorf Cullen. Das geheimnisvolle Wort Skink bedeutet Suppe und leitet sich von dem mittelholländischen Wort „Schanke", was Schienbein bedeutet und das typischste Stück Suppenfleisch ist, ab.

Für 4 Personen:

4-6 Schellfischfilets, geräuchert, ungefärbt und gehäutet
1 Zwiebel, fein gehackt
½ l Vollmilch
40 g Butter
500 g Kartoffeln
200 ml Sahne
1 TL Petersilie, gehackt

Geräucherter Haddock in Milch gegart und mit knusprigen Speckscheiben serviert, ist als „Ham and Haddie" bekannt und eine weitere regionale Spezialität.

Die Kartoffeln schälen, in 2 cm große Würfel schneiden, mit den Zwiebeln in einen großen Topf geben, eine ½ Tasse Wasser dazugeben und auf kleiner Flamme köcheln lassen, bis die Kartoffeln gar sind. Den Fisch hineingeben und bei geschlossenem Deckel 5 Minuten mitsieden.

Jetzt den Fisch im Topf in kleine Stücke zerteilen, Milch, Sahne und Petersilie hinzufügen und alles zusammen vorsichtig kurz aufkochen.
Um die Suppe etwas anzudicken, können einige Kartoffeln am Topfrand zerstampft werden. Ein paar Flocken Butter in die Suppe rühren und mit Bere Bannocks servieren.

In Hafermehl gebratene Forelle

Hafermehl (Oatmeal) ist die perfekte Ergänzung zu öligen Fischen.

Für 4 Personen:

4 x 500 g Forellen oder Hering
25 g grobes Hafermehl
Salz
Milch
2 EL Schmalz oder Butter

Die Fische säubern und im Hafermehl wenden. In einer Pfanne Schmalz oder Butter erhitzen und die Forellen für 5 Minuten je Seite goldgelb braten.
Nach dem Garen salzen und mit Oatcakes (Haferkeksen) servieren.

Mussel Brose

Die an der Küste lebenden Highlander kochten Schalentiere vorzugsweise in Milch.

Für 4 Personen:

1,5 kg Muscheln
1 Zwiebel, fein gehackt
2 EL Hafermehl
2 EL Butter
300 ml Wasser
300 ml Vollmilch
2 EL Petersilie

Die gereinigten Muscheln für 2 Stunden in Wasser legen, spülen, bis aller Sand verschwunden ist. Die Muscheln, die sich nicht geschlossen haben, entsorgen!
Das Hafermehl in der Pfanne bei schwacher Hitze goldgelb toasten. Die Muscheln in das kochende Wasser geben, schnell mit einem Deckel verschließen, den Topf einmal gut durchrütteln und die Muscheln sieden, bis sich die Schalen geöffnet haben. Anschließend abseihen, die Flüssigkeit dabei auffangen, beiseitestellen und das Muschelfleisch aus den Schalen entfernen.
Die Zwiebeln in der Butter goldgelb dünsten, das getoastete Hafermehl, die Milch und den Muschelsud dazugeben, erwärmen, bis die Brühe etwas andickt. Das Muschelfleisch hinzufügen und für ein paar Minuten erwärmen und mit frischer Petersilie garniert servieren.

Lachs in grüner Sauce

Im 17. Jahrhundert war Lachs in grüner Sauce in den Highland-Haushalten sehr beliebt.

Für 4 Personen:

4 Lachssteaks
40 g Butter
200 g Spinatblätter, fein gehackt
(wahlweise Sauerampfer)
150 ml trockener Weißwein
300 ml Sahne

Den fein gehackten Spinat im Weißwein garen lassen, bis die Flüssigkeit reduziert ist.
Die Lachssteaks vorsichtig in einer Pfanne von beiden Seiten braten, die Sahne und den Spinat dazugeben und für weitere 5 Minuten garen.
Den Lachs auf dem Spinat servieren.

Kippered Lachs

Im Schottland des 15. Jahrhunderts wurde die Methode, bei der alte abgelaichte Lachse, die ihre letzte monumentale Reise hinter sich hatten, in der Mitte gespalten, gesalzen und getrocknet wurden, „kippering" genannt.
Da nicht jeder über einen Räucherofen verfügt, handelt es sich bei diesem Rezept um ein Gericht, das entweder als Graved Lachs gegessen oder weiter zu Kipper verarbeitet werden kann.

Für 4 Personen:

1 Lachshälfte mit Haut
300 g Zucker
200 g grobes Meersalz

Für die Pökelmischung Salz und Zucker vermischen.

Ein großes Stück Alufolie auf ein Küchenbrett legen, die Hälfte der Mischung darauf verteilen und die Lachshälfte darauflegen. Die restliche Mischung auf dem Lachs verteilen, dabei sicherstellen, dass der Lachs vollkommen mit der Pökelmischung bedeckt ist.

Jetzt fest mit der Alufolie verschließen, in eine Schüssel legen und mit einem Brett beschweren. Für 3-4 Tage in den Kühlschrank stellen und den Fisch täglich wenden.

Für Graved Lachs den Lachs von Salz und Zucker befreien, in dünne Scheiben schneiden und mit Senfsauce und Bere Bannocks servieren.

Um „Kipper" herzustellen, muss der Fisch nach dem Pökeln 2 Tage (oder länger, bis er trocken ist) an einem kühlen, windigen Ort trocknen. Anschließend für 8-16 Stunden bei 25° C kalt räuchern.

„Kipper" 10 Minuten in einem Topf mit Wasser sieden lassen, mit Butter und hart gekochten Eiern servieren.

Tatties and Herring

Nach Einführung der Kartoffeln waren „Herring" und „Tatties" eine ideale Zusammenstellung.

Für 4 Personen:

4 Salzheringe
600 g Kartoffeln, geschält
1 Zwiebel, fein geschnitten
½ Tasse Wasser
1 EL Petersilie, gehackt

Dieses Gericht nicht salzen!

Die Heringe für 24 Stunden in Wasser einlegen, das Wasser zwischendurch immer wieder wechseln.
Um den Salzgehalt zu verringern, den Hering in Wasser aufkochen, Wasser weggießen und den Hering beiseitestellen.
Die dünn geschnittenen Kartoffeln mit den Zwiebeln in eine Pfanne mit festschließendem Deckel geben, den Hering auf die Kartoffeln legen und das Wasser darübergießen.
Alles zum Kochen bringen und bei geschlossenem Deckel 20-25 Minuten köcheln lassen, bis die Kartoffeln gar sind.
Den Fisch auf den Kartoffeln mit gehackter Petersilie servieren.

Hebridean Lobster

Für so ein delikates, süßes Fleisch wie das vom schottischen Hummer, ist dieses Inselrezept genau wie es sein soll: Natur pur!

Für 2 Personen:

1 lebender Hummer (600-700 g)
etwas Sahne

In einem großen Topf ausreichend Wasser zum Kochen bringen, den Hummer mit dem Kopf zuerst in das kochende Wasser geben und für 15 Minuten kochen. Anschließend aus dem Wasser nehmen und abkühlen lassen.

Den Hummer wie folgt zerlegen: Die Scheren entfernen, den Hummer mit der Bauchseite nach unten auf ein Schneidebrett legen und mit einem scharfen, stabilen Messer vom Rücken der Länge nach zum Schwanz durchschneiden und anschließend zum Kopf. Den Darm, der sich durch den Schwanz zieht, entfernen. Den Magensack, er befindet sich direkt hinter dem Kopf des Hummers, mit einem Löffel aus den Hälften ebenfalls entfernen. Die Scheren zertrümmern und das Fleisch entnehmen. Aus den anderen Teilen ebenfalls das Fleisch herauslösen und nach Geschmack mit etwas Sahne verfeinern.
Mit Seetangkeksen servieren.

Eingelegte Forelle

Einlegen war eine gängige Methode zur Haltbarmachung von Fisch wie Hering, Makrele, Lachs und Forelle.

Für 4 Personen:

4 Forellenfilets mit Haut
150 ml Alegar (Malzessig)
150 ml Wasser
1 Zwiebel, in dünne Ringe geschnitten
Wacholderbeeren
3 Zweige Thymian
4 Holzspießchen

Die Filets von der breiten Seite an einrollen und mit Holzspießchen fixieren, in ein ofenfestes Gefäß legen, mit den restlichen Zutaten bedecken und mit Alufolie abdecken. Bei 180° C für 45 Minuten im Ofen garen. Kalt mit Oatcakes oder Meerrettichsauce servieren.

Gebratener Portessie Fischrogen

Dorschrogen wurde nie weggeworfen, sondern mit Hafermehl vermischt, zu Knödeln oder Füllungen verarbeitet, gekocht oder gebraten. Dieses Rezept ist noch heute in den Fischerdörfern der Ostküste sehr beliebt und wird mit knusprigen Speckscheiben genossen.

Für 4 Personen:

500 g Dorschrogen
1 EL Petersilie
1 EL Butter
2 EL feines Hafermehl

Den Rogen zum Kochen bringen, sofort auf die schwächste Hitze schalten und sehr vorsichtig für 30 Minuten garen. Etwas abkühlen lassen, in feinem Hafermehl wenden und in der Butter goldgelb braten. Mit gekochten Kartoffeln, Petersilie, scharfem Senf und natürlich knusprigen Speckscheiben servieren.

Frisch gepökelter Dorsch

Falls Stockfisch nicht erhältlich ist, hier eine schnelle und einfache Alternative zur Herstellung von „Cabbie Claw“.

Für 4 Personen:

1 kg Dorschfilet mit Haut
ausreichend Meersalz, um den Fisch damit vollständig zu bedecken

Meersalz in eine Schüssel füllen (1 cm hoch), Fischfilet darauflegen, alles vollständig mit Salz bedecken und mit einem Deckel verschließen. Über Nacht in den Kühlschrank stellen, anschließend die Filets gut mit Wasser abspülen und noch für eine Stunde in Wasser einweichen. Somit sind die Filets jetzt zur Weiterverarbeitung vorbereitet.

Cabbie Claw

Dieses Nordostküstenrezept hat seinen Ursprung vom französischen Wort „Cabillaud“ (Kabeljau).

Für 4 Personen:

1 kg Dorsch, frisch gepökelt

Für die Sauce:
50 g Butter
50 g Mehl
250 ml Milch
250 ml Fischfond
3 Eier, hart gekocht und gehackt
2 EL Dill oder Petersilie, gehackt
1 EL Meerrettich, frisch gerieben

Kein Salz hinzufügen!
Den gepökelten Dorsch für eine Stunde in Wasser einweichen, anschließend in frischem Wasser sieden, bis er gar ist. Den Fisch aus dem Wasser nehmen und den Fond aufheben. Eine Mehlschwitze aus Butter und Mehl herstellen, die Milch einrühren und anschließend mit Fischfond auffüllen, bis die Sauce die gewünschte Konsistenz hat. Die gehackten Eier, Dill oder Petersilie untermischen und den Fisch zum Erwärmen dazugeben. Mit Pastinakengemüse und Meerrettich servieren.

Stockfisch mit Milch

Dieser harte, getrocknete Fisch, der wie ein Brot aussieht, schmeckt ausgezeichnet und wird heutzutage in der venezianischen Küche hoch geschätzt.

Für 4 Personen:

1 kg Stockfisch
300 ml Vollmilch
1 Zwiebel, gewürfelt
50 g Butter
1 Handvoll Petersilie

Kein Salz hinzufügen!
Erst den Fisch unter kaltem Wasser abwaschen und dann weichklopfen. Jetzt den Fisch an einem kühlen Ort für 48 Stunden in Wasser einlegen, das Wasser regelmäßig wechseln. Nach dem Einweichen den Fisch in mundgerechte Stücke zerkleinern und die Gräten entfernen. Die Zwiebeln goldgelb andünsten, den Dorsch, die Milch und die Petersilie dazugeben. Bei geringer Hitze ohne Deckel garen lassen, bis die Milch absorbiert ist. Mit Kartoffelbrei und Butter servieren.

Crappit Heids

Dorschköpfe wurden niemals weggeworfen, sondern traditionell mit Hafermehl, Rogen, Fischleber und später sogar mit Krebs- und Hummerfleisch gefüllt. Der „Crappit" ist die Füllung. Ursprünglich wurden die Köpfe gekocht, in diesem Rezept sind sie allerdings gebacken.

Für 2 Personen:

1 großer Dorschkopf
2 TL Petersilie, gehackt und einige Stängel
½ Tasse Hafermehl
4 Frühlingszwiebeln, klein geschnitten
½ Tasse Krebsfleisch oder Dorschrogen
1 TL Butter
3 TL Milch
1 Bund Thymian
3 Knoblauchzehen
Meersalz

Den Ofen auf 220° C vorheizen.
Den Kopf waschen und trocknen. Auf ein mit Petersilienstängeln ausgelegtes Backblech geben. Ein paar Einschnitte im Kopf mit Thymian und Knoblauch füllen, den Rachen ebenfalls mit Thymian füllen. Den Kopf mit Meersalz bestreuen. Aus Petersilie, Frühlingszwiebeln, Hafermehl, Krebsfleisch oder Rogen und Milch die Füllung herstellen und den Kopf damit füllen. Die Butter schmelzen und über den Kopf gießen. Für 30-40 Minuten im Ofen backen, bis der Dorschkopf schön braun ist. Mit der Füllung und Colcannon servieren.

Dorsch in Senfsauce

Dorsch in Senfsauce war ein in ganz Schottland beliebtes Gericht, das den nordischen Einfluss deutlich macht.

Für 4 Personen:

1 kg Dorschfilet, frisch oder gepökelt
500 ml Milch
200 ml Sahne
2 TL scharfes englisches Senfpulver
1 Bund Petersilie oder Dill

Bei der Verwendung von gepökeltem Dorsch, diesen abwaschen und für 1 Stunde in Wasser einlegen. Den Dorsch auf die Petersilienstängel mit der Milch in einen Topf geben und für 5-10 Minuten leicht garen lassen. Die Petersilienblätter oder Dill fein hacken. Nach 5 Minuten 5 EL von der Flüssigkeit nehmen und in einem separaten Topf mit dem Senfpulver verrühren, die Sahne und die gehackte Petersilie unterrühren und den Fisch dazugeben. Alles kurz erwärmen und mit Seetangkeksen oder Pastinakengemüse servieren.

Makrele in Senf

Für 4 Personen:

4 Makrelen, gesäubert, Kopf und Schwanz entfernt
1 TL Senfpulver
2 EL Essig
1 TL Salz
2 TL Butter

Den Grill vorheizen.
Kleine Einschnitte in die Seiten der Fische machen.
Die Butter in der Pfanne schmelzen, den Essig und das Senfpulver einrühren, den Fisch gut darin wenden.
Anschließend die Makrelen in eine Grillpfanne geben und unter dem heißen Grill von jeder Seite 5 Minuten grillen.
Mit Colcannon servieren.

POTTED SHRIMP

„Potted" Gerichte waren im 17. Jahrhundert sehr beliebt. Es handelt sich hierbei um die Haltbarmachung in Butter.

Für 4 Personen:

100 g ungesalzene Butter
400 g gekochte Krabben
150 g klare Butter
½ TL Cayennepfeffer

Um klare Butter zu bekommen, erhitzt man die Butter auf kleiner Flamme, siebt den Schaum ab und gießt die flüssige Butter vorsichtig in ein Gefäß. Dabei aufpassen, dass der milchige Satz im Topf zurückbleibt. Die klare Butter in den Kühlschrank stellen.

Die ungesalzene Butter auf kleiner Flamme erhitzen, den Pfeffer und die Krabben dazugeben und für ein paar Minuten alles unter Rühren erwärmen, nicht kochen. Die Mischung in kleine Schüsseln geben und für 1 Stunde in den Kühlschrank stellen. Wenn sie erhärtet ist, mit klarer Butter bedecken (muss evtl. erwärmt werden). Mit Oatcakes, Bere Bannocks oder Seetangkeksen servieren.

GEMÜSEGERICHTE

Grünkohl

Grünkohl gehörte zu den Hauptnahrungsmitteln und wurde oft mit Bere Bannocks serviert.

Für 4 Personen:

500 g Grünkohl
100 ml Sahne
1 EL Hafermehl
Salz

Die Stängel vom Grünkohl entfernen. Den Kohl mit Wasser bedecken und für 30 Minuten (bis er gar ist) köcheln. Danach gut abtropfen lassen und fein zerhacken. Zurück in den Topf geben, Hafermehl, Salz und Sahne hinzufügen und für weitere 5 Minuten köcheln.
Mit Bere Bannocks servieren.

Colcannon

Dies ist ein traditionelles Gericht, das man zu Eintöpfen aus Fleisch oder Fisch und Haggis servierte.

Für 6 Personen:

500 g Kartoffeln, geschält und gewürfelt
250 g Kohlrüben, geschält und gewürfelt
250 g Grünkohl, gehackt
25 g Rinderschmalz oder Butter
100 ml Sahne
Salz
Schnittlauch oder Petersilie, fein gehackt

Die Rüben in Wasser 10 Minuten kochen, die Kartoffeln und den Kohl dazugeben und weitere 20 Minuten (bis die Kartoffeln gar sind) köcheln. Abgießen und das Restwasser auf schwacher Hitze abdämpfen. Mit Butter und Sahne zu einem Brei verarbeiten. Schnittlauch oder Petersilie dazugeben und zu Haggis, gepökeltem Fleisch oder Fischgerichten servieren.

Brennesselsuppe

Brennesseln waren eine lebensnotwendige Quelle an Vitaminen und wurden im Frühjahr und Frühsommer gesammelt, ehe sie Blüten trieben.

Für 4 Personen:

500 g Kartoffeln, geschält und gewürfelt
2 Zwiebeln, fein gehackt
500 g junge Brennesselspitzen oder Spinat
900 ml Hühner- oder Rinderbrühe
100 g Butter
½ l Vollmilch oder Sahne
2 EL Liebstöckel, fein gehackt
Salz

Die Brennesseln waschen und von den harten Stielen befreien. Die Zwiebeln in der Butter im Topf goldgelb anbraten. Die Kartoffeln, Brennesseln, nach Geschmack Salz und die Brühe dazugeben und für 20 Minuten köcheln lassen. Die Suppe pürieren, Liebstöckel und Milch oder Sahne hinzufügen, zusammen nochmals kurz erwärmen und mit Bere Bannocks oder Oatcakes servieren.

Hebridean gekochte oder geröstete Zwiebeln

Gekochte oder gegrillte Zwiebeln waren, zusammen mit Oatcakes, Käse oder Salzhering, ein gängiges Abendessen.

Für 4 Personen:

500 g Zwiebeln
200 ml Rinderbrühe
1 TL feines Hafermehl

Die Zwiebeln schälen und in der Rinderbrühe köcheln, bis sie gar sind. Anschließend mit Hafermehl andicken und nach Belieben abschmecken.

Für geröstete Zwiebeln diese einfach mit der Schale bei 180° C für 45 Minuten im Ofen garen.

Ullapool Seetangsuppe

Seetang wurde von Mai bis September in sehr reinem Wasser gesammelt und war eine reichhaltige Quelle an Nährstoffen. Alternativ zu frischem Seetang kann auch getrockneter verwendet werden.

Für 4 Personen:

250 g frischer Dulse Seetang
oder 75 g getrockneter Dulse
oder 10 g getrockneter Carragheen Seetang
1,5 l Vollmilch
400 g Kartoffeln
1 EL Butter
1 EL Liebstöckel

Den getrockneten Seetang vor Gebrauch für mindestens 1 Stunde in Wasser legen und dann gut unter fließendem Wasser abspülen, frischen Seetang für mindestens 2 Stunden einlegen und ebenfalls abspülen.

Seetang, Milch und Kartoffeln in einen Topf geben, zum Kochen bringen und köcheln lassen, bis die Kartoffeln gar sind. Jetzt alles zerstampfen oder in der Küchenmaschine mixen. Butter und Liebstöckel dazugeben und mit Bere Bannocks oder Oatcakes servieren.

Gegrillter Dulse Seetang

Gegrillter Seetang wurde als salziges Gewürz zur Geschmacksverbesserung von milden Gerichten, die auf Hafermehl oder Kartoffeln basierten, verwendet.

Den Dulse Seetang über der Glut oder unter dem Grill rösten, bis er grün und knusprig ist. Entweder heiß mit etwas Essig genießen oder als Gewürz für Kartoffelbrei oder gekochte Kartoffeln verwenden.

Seetang Kekse

Für 4 Personen:

15 g getrockneter Carragheen Seetang
4 Frühlingszwiebeln, klein gehackt
1 EL Butter
75 g Hafermehl
50 ml Wasser

Den Seetang vor Gebrauch 1 Stunde in Wasser einlegen, abspülen und gut abtropfen lassen. Die Butter in einer Pfanne schmelzen, die Frühlingszwiebeln darin kurz andünsten und den Seetang für ein paar Minuten mitdünsten. Wasser und Hafermehl unterrühren und das Ganze 5 Minuten garen. Vom Herd nehmen, etwas abkühlen lassen und zu einer Teigkugel formen. Auf einem mit Hafermehl bestreuten Brett mit den Händen zu einer Scheibe (1 cm dick) formen und in vier Teile schneiden. Bei mittlerer Hitze 5 Minuten je Seite braten. Zu Fischgerichten, wie zum Beispiel Dorsch in Senfsauce, servieren.

Tattie Scones

Für 4 Personen:

500 g Kartoffelbrei
100 g Mehl
50 ml Milch
1 EL Butter
Salz

Alle Zutaten zu einem Teig verarbeiten und auf einem bemehlten Brett oder Tisch zu Scheiben (5 mm dick) formen. Diese mit einer Gabel mehrmals einstechen und in einer heißen, leicht gefetteten Pfanne goldgelb braten. Mit Butter und Honig servieren.

Stovies

Der Name dieses uralten Gerichtes stammt vom französischen Wort „etuver – abdecken“ ab und was in diesem Fall „Eintopf mit fest schließendem Deckel“ bedeutet.

Für 4 Personen:

700 g Kartoffeln, geschält
2 große Zwiebeln, fein gehackt
50 g Rinderschmalz oder Butter
5 EL Rinderbrühe
1 TL Thymian, getrocknet
Salz

Das Fett in einem Topf erhitzen und die Zwiebeln darin goldgelb andünsten. Die Kartoffelscheiben schichtweise daraufgeben, mit der Brühe angießen und mit Salz und Thymian abschmecken.
Den Topf mit dem Deckel fest verschließen und alles bei schwacher Hitze garen (etwa 1 Stunde). Sollten die Kartoffeln am Boden kleben, zwischendurch etwas Brühe dazugeben. Mit Collops servieren.

Pease Pudding (Erbsenbrei)

Traditionell wurde Erbsenbrei mit eingelegtem Schweinefleisch oder Dorsch in Senfsauce auf Orkney gegessen, wo der nordische Einfluss am größten war.

Für 4 Personen:

400 g getrocknete Spalterbsen (Split Peas)
1 große Zwiebel, fein gehackt
1 kleiner Bund Thymian,
oder 1 TL Thymian, getrocknet
1 l Wasser
1 EL Liebstöckel
1 EL Petersilie

Die Erbsen, Zwiebeln und alle Kräuter, mit Ausnahme der Petersilie, für eine Stunde kochen, bis die Erbsen gar sind. Gegebenenfalls Wasser nachgießen. Die Erbsen zu einem Brei stampfen und mit der frischen Petersilie servieren.

GETREIDEGERICHTE

PORRIDGE

Für Jahrhunderte war Porridge das Grundnahrungsmittel der Highlander. Er wurde oft in einer Küchenschublade kalt gelagert und dann über einem Grill geröstet, in Scheiben geschnitten und gegessen.

Für 4 Personen:

1 Tasse mittelgrobes Hafermehl
4 Tassen Wasser
1 Prise Salz

Das Wasser zum Kochen bringen und das Hafermehl mit einem Holzlöffel unter ständigem Rühren hinzufügen. Auf kleiner Flamme 10 Minuten quellen lassen.

Traditionell wurde Porridge von einem Holzlöffel gegessen, dazu gab es Sahne, in die der Löffel eingetaucht wurde. Wer es süßer mochte, nahm Honig dazu.

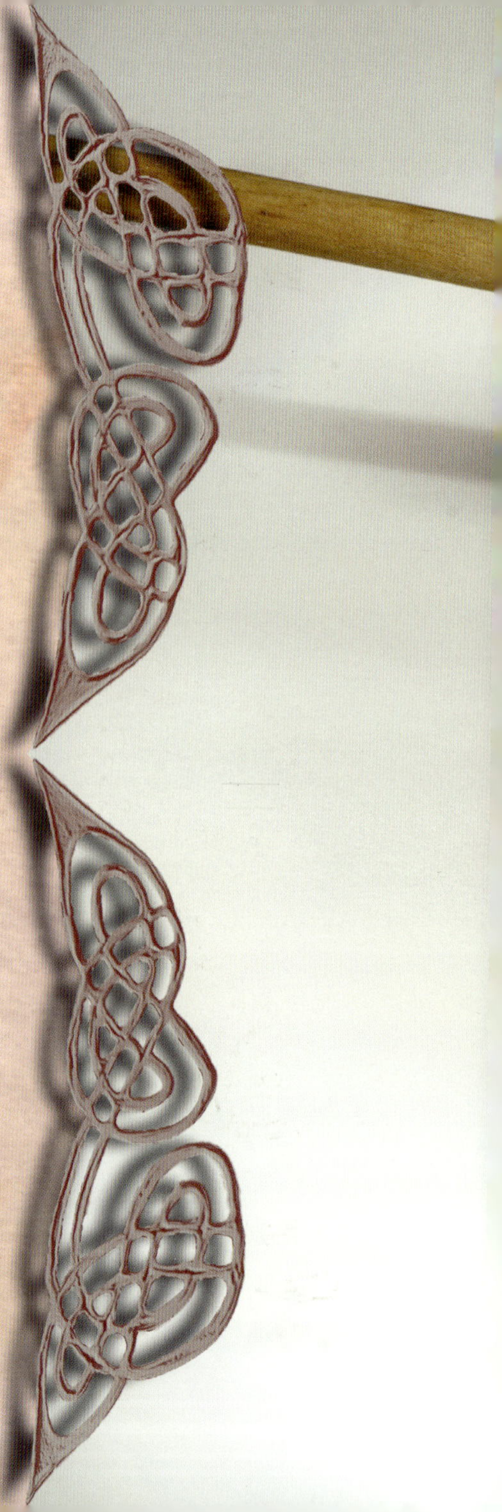

Bere Bannocks

Dies ist ein uraltes, traditionelles Rezept für flaches Brot. Es sollte heiß mit etwas Butter zu einer Brühe gegessen werden.

Für 8 Personen:

375 g Gerstenmehl
275 ml Buttermilch
25 g Butter
½ TL Salz

Mehl, Buttermilch und Salz mischen, die Butter schmelzen und in die Mischung geben. Alles zu einem Teig verkneten und zu einer Kugel formen. Auf einem bemehlten Brett dünn ausrollen und mithilfe eines Frühstückstellers Kreise ausstechen und diese dann vierteln. Eine sehr leicht gefettete Pfanne oder eiserne Grillplatte auf mittlere Hitze erwärmen, die Bannocks hineingeben, die Hitze verringern und für 5 Minuten von jeder Seite backen, bis sie leicht gebräunt sind.

Oatcakes

Für 4 Personen:

225 g feines Hafermehl
25 g Butter, geschmolzen
½ TL Salz
½ TL Backpulver
125 ml kochendes Wasser

Ein Backbrett oder eine Tischplatte mit etwas Hafermehl bestäuben. Aus Hafermehl, Backpulver, Salz, geschmolzener Butter und Wasser einen gut bindenden Teig herstellen und zu einer Kugel formen. Diese mit den Händen auf dem Backbrett flach drücken und ausrollen, der Teig soll 3 mm dick sein. Anschließend in 8 Keile oder Stücke schneiden und im Ofen auf einem leicht gefetteten Backblech 15-20 Minuten bei 180 °C backen. Auf einem Gitter abkühlen und hart werden lassen.

Wenn man eine Grillplatte verwendet, diese auf mittlere Hitze erwärmen, leicht mit Mehl bestäuben und die Oatcakes für 5 Minuten nur von einer Seite backen. Danach im Ofen bei 150° C 20 Minuten backen, bis die Oatcakes hart sind. Mit Käse oder Hough servieren.

Oatcakes werden traditionell auf einer gusseisernen Platte gebacken. Anders als Bere Bannocks sind die Oatcakes hart und eher wie Kekse.

BRAVEHEART
FREEDOM

Mealie Pudding

Mealie Pudding wurde traditionell zu Eintöpfen gegessen.

Für 4 Personen:

200 g feines Hafermehl
100 g Rindertalg oder vegetarischer Talg (Suet)
60 g Haferflocken
2 Zwiebeln, fein gehackt
1 TL Thymian, getrocknet
½ TL Salz
50-75 ml kochendes Wasser

Alle Zutaten zu einem Teig verarbeiten, dabei nur so viel Wasser verwenden, dass ein gut bindender Teig entsteht. Den Teig in ein Keramikgefäß füllen, mit einem Musselintuch abdecken und dieses mit einem Gummiband fixieren. Das Gefäß in einen Topf mit kochendem Wasser stellen (der Topf sollte zu ¾ im Wasser stehen). Mit einem gut schließenden Deckel abdecken und in leicht siedendem Wasser für 1 ½ Stunden garen.

Nachspeisen

Caragheen Pudding

Für 4 Personen:

50 g frischer Carragheen Seetang
oder 15 g getrockneter Carragheen Seetang
600 ml Vollmilch
300 ml Sahne
1 EL Honig

Den Seetang für 1 Stunde in Wasser einweichen, gut abspülen, abtropfen, mit der Milch in einen Topf geben und für 30 Minuten vorsichtig sieden lassen. Die Masse sieben, wenn sie beginnt zu gelieren, den Honig und die flüssige Sahne unterrühren und zum Kühlen in den Kühlschrank stellen.
Mit frischen Beeren oder gekochten Stachelbeeren servieren.

Gekochte Stachelbeeren

Für 4 Personen:

500 g Stachelbeeren
2 EL Wasser
Zucker oder Honig nach Belieben

Die Stachelbeeren waschen, putzen und in den 2 EL Wasser garen. Nach Geschmack Zucker oder Honig dazugeben. Mit Carragheen Pudding servieren.
Für Stachelbeersauce alles durch ein Sieb streichen und zu öligem Fisch wie Makrele oder Hering servieren.

Stapag

Dieses uralte Puddingrezept wurde ursprünglich während der Erntezeit gemacht. Die Sahne wurde mit einem Stock, der einen Ring aus Kuhhaaren an seinem Ende hatte, aufgeschäumt. Die alten „Scottish Syllabubs" wurden in derselben Art gemacht, jedoch ohne die Zugabe von Oatmeal.

Für 4 Personen:

60 g geröstetes Hafermehl
500 ml Sahne
4 EL Malt Whisky
4 EL flüssiger Honig

Das Hafermehl bei schwacher Hitze in der Pfanne golden rösten. Die Sahne leicht schaumig schlagen (muss Spitzen formen), Whisky und Honig vorsichtig einrühren und das Hafermehl unterheben. Die Masse für 1 Stunde in den Kühlschrank stellen und mit Himbeeren servieren.

Shortbread

Shortbread wurde traditionell an Hogmanay serviert und für die Zubereitung wurde nur beste Butter verwendet.

Für 4 Personen:

225 g Butter
125 g feiner Zucker
225 g Weizenmehl
125 g Reis- oder Stärkemehl
1 Prise Salz
Zum Dekorieren feinen Zucker oder traditionell Kümmel

Den Ofen auf 180° C vorheizen.
Den Zucker mit der Butter schaumig rühren, das Weizenmehl mit Reis- oder Stärkemehl mischen und mit der Butter-Zuckermischung mit den Händen zu einem Teig verkneten.
Bei der Herstellung von Shortbread den Teig so wenig wie möglich bearbeiten, damit dieser eine leicht krümelige Struktur behält.
Den Teig zu 5 cm dicken Rollen formen, in Folie wickeln und für 1 Stunde in den Kühlschrank legen.
Nach dem Kühlen die Rollen in Zucker und/oder Kümmel wälzen und in 5 mm dünne Scheiben schneiden.
Nach Geschmack können die Keksoberflächen auch noch bestreut werden.
Ein Backblech mit Backpapier auslegen und die Shortbreads darauf für 20 Minuten backen, bis sie leicht golden sind.
Auf einem Gitter abkühlen lassen.

Baked Custard

Für 4 Personen:

3 Eier
15 g feiner Zucker
250 ml Vollmilch

Die Eier leicht aufschlagen und mit dem Zucker verrühren. Die Milch erwärmen und über die Eiermasse gießen. Alles durch ein Sieb in eine Keramikschüssel seihen. Die Schüssel in einen Topf mit heißem Wasser stellen und im Ofen auf der untersten Schiene bei 130° C für 40 Minuten backen.
Warm mit Blaubeeren oder Himbeeren servieren.

Florentine mit Äpfeln und Kartoffeln

Dieses Rezept basiert auf „Florentine of Apples with Potatoes or Chastines" von Jean Robinsons's Pastetenkochbuch, Elgin 1743, das zeigt, dass Kartoffeln oft an Stelle von Früchten verwendet wurden.

Für 4 Personen:

300 g Kartoffeln
500 g Äpfel
200 g Zucker
Abrieb von 2 Zitronen
Abrieb von 2 Orangen
100 g Rosinen
100 g Sultaninen
100 g Mandelstifte
100 ml Weißwein
1 TL Zimt
1 EL Butter
350 g Blätterteig
1 Ei

Den Backofen auf 200° C vorheizen. Den Boden einer Glasform ausbuttern. Die Kartoffeln mit der Schale kochen, schälen und in Scheiben schneiden. Das Kerngehäuse aus den Äpfeln stechen und diese ebenfalls in Scheiben schneiden.
Eine Schicht Kartoffeln in die Form geben, mit etwas Zucker, Mandeln, Rosinen, Sultaninen, Zitrusabrieb und Zimt bestreuen, dann eine Schicht Äpfel darüberlegen und ebenfalls bestreuen. So fortfahren, bis alle Zutaten aufgebraucht sind und den Wein darübergießen.
Den Blätterteig ausrollen und mit einem scharfen Messer so ausschneiden, dass er die Form bedeckt. Mit geschlagenem Ei bepinseln und backen, bis der Blätterteig schön hellbraun ist.
Mit Sahne servieren.

Getränke

Atholl Brose

Ein uraltes Getränk, das den Unteroffizieren und Offizieren der Argyll und Sutherland Highlander an Hogmanay serviert wurde.

3 EL mittelgrobes Hafermehl
2 EL klarer Honig
300 ml Wasser
300 ml Scotch Whisky

Das Hafermehl für 1 Stunde im Wasser einweichen, durch ein feines Sieb in eine Schüssel pressen, die Flüssigkeit dabei auffangen. Den Honig und den Whisky in die Flüssigkeit rühren, in eine Glasflasche abfüllen und für 2 Monate ruhen lassen. In Likörgläsern servieren.

Oatmeal Posset

Für 6 Personen:

600 ml Milch
2 EL Hafermehl
2 EL Heidehonig

Die Milch mit dem Hafermehl zum Kochen bringen, vom Herd nehmen und 10 Minuten ruhen lassen. Anschließend durch ein Sieb in eine Karaffe seihen und den Honig unterrühren. Warm oder kalt servieren.

Saucen

Meerrettichsauce

Für 4 Personen:

3 EL frischen Meerrettich, fein gerieben
150 ml Saure Sahne, Quark oder Crème Fraîche
Salz nach Belieben

Alle Zutaten vermischen – fertig!

Senfsauce

Für 4 Personen:

Einfach folgende Zutaten vermischen:
2 EL Englischen Senf (oder einen anderen scharfen Senf)
2 EL Essig
2 EL Honig
2 EL Sahne

QUELLENNACHWEIS

•The Scots Kitchen, Its Traditions and Lore with Old-Time Recipes - F. Marian McNeill - Mercat Press - Edinburgh - 1929
•The Food of the Scots - A Compendium of Scottish Ethnology - Alexander Fenton - Publications of the European Ethnological Research Centre - John Donald and imprint of Berlinn Ltd-2007- Based on Rhine Lectures presented to Antiquaries of Scotland.
•The Laird's Kitchen - Three Hundred Years of Food in Scotland - Olive M. Geddes - Edinburgh: HMSO - The National Library of Scotland - 1994
•A Taste of Scotland - Theodora Fitzgibbon - 1970
•MacLeod Iseabail ed. Mrs McLIntock's Receipts for Cookery & Pastry-Work (Aberdeen 1976)
•The Scottish Kitchen - National Trust for Scotland - Christopher Trotter - Aurum Press - 2004
•Wild Food - Jane Eastoe - National Trust Books - Anova Press
•Complete Traditional Recipe Book - Sarah Edington - National Trust Books - 2006
•Scots Cooking - Sue Lawrence- Headline
•Hieland Foodie - Clarissa Dickson Wright with Henry Crichton-Stuart - National Museum of Scotland Publishing
•Traditional Scottish Cookery - Sheila Macrae - Foulsham
•The Scottish Cook - Judy Paterson - Lindsay Publications - 1995
•Preserved - Nick Sandler & Johnny Acton - Kyle Cathie Ltd

BIBLIOGRAPHIE

Diese Bücher waren überaus wertvoll für meine Nachforschungen der Highland-Küche und der Highland-Gerichte:

•Scottish Life & Society - The Food of the Scots - A Compendium of Scottish Ethnnology - Alexander Fenton - Publications of the European Ethnological Research Centre - John Donald and imprint of Berlinn Ltd-2007- Based on Rhine Lectures presented to Antiquaries of Scotland.
•Country Life in Scotland - Our Rural Past - Alexander Fenton - Berlinn Ltd - 1987
•Highland Folk Ways - Isobel Grant - Scottish Collection - Routledge & Kegan Paul - 1961
•A Caledonian Feast - Annette Hope - Canongate Classic - 2002
•The Laird's Kitchen - Three Hundred Years of Food in Scotland - Olive M. Geddes - Edinburgh: HMSO - The National Library of Scotland - 1994
•Document 840 - Cereal Terms in the Dictionary of the Older Scottish Tongue Record - Iseabail Macleod - Edinburgh University Press
•The Scots Gard'ner published for the Climate of Scotland by John Reid - Introduction Annette Hope - The First Scottish Gardening Book - Published 1683 - Mainstream Publishing Company (Edinburgh) Limited - 1988
•Samuel Johnson & James Boswell: A Journey to the Western Islands of Scotland and The Journal of a Tour to the Hebrides - (1773) - Penguin Books - 1984
•MacLean's Miscellany of Whisky - Charles MacLean - Little Books - 2007
•Traditions of Scotland - Gilbert Summers - Martin Books - 1991
•A Sporting Tour through the Northern Part of England and Great Part of the Highlands of Scotland - Colonel T. Thornton -Edward Arnold Publisher to the India Office - 1804

HIGHLAND HISTORY

•The Celts - Nora Chadwick - Penguin-1971
•Prehistoric & Viking Shetland - Noel Fojut - Shetland Trust
•Stone Age Farmers beside the Sea Scotland Prehistoric Village of Skara Brae - Caroline Arnold- Clarion Books
•Medieval Scotland - Cochran Patrick - James Maclehose & Sons, Glasgow, Publishers to the University
•The Drove Roads of Scotland - A R B Haldane - Birlinn-1997
•The Fringe of Gold - The Fishing Villages of the East Coast, Orkney & Shetland - Charles Maclean -Canongate-1985
•Last of the Free - A Millenial History of the Highland and Islands of Scotland - James Hunter- - Mainstream Publishing (Edinburgh-1999
•Go Listen to the Crofters - The Napier Commission & Crofting a Century Ago - A.D Cameron - Scottish Arts Council - Acair Ltd

•Bright Britain
www.bright-britain.de

•Michelle's Specialities
www.greatbritishfood.de

•The British Shop
www.the-british-shop.de

•Der Englandladen
www.derenglandladen.de

•Pure Raw
www.pureraw.de

Verlag FEL!X AG

Mehr über unsere Bücher und die Menschen, die dahinter stehen erfahren Sie hier:

www.facebook.com/verlag.felix.ag

www.twitter.com/@FELIX_AG

www.felix-ag.de/wordpress

www.youtube.com/agenturcdpr

Bleiben Sie mit uns in Verbindung!

Unsere Kochbücher zeichnen sich durch brillante Foodfotografie aus. Das meiste Bildmaterial entsteht in unserer eigenen Studio-Küche. Hier werden alle Gerichte frisch zubereitet und fotografiert. Dabei arbeiten unsere Köche und Stylisten mit keinerlei Stoffen, die die Lebensmittel ungenießbar machen würden. Gleich nach dem Fotografieren werden die Gerichte der Crew und anwesenden Medienvertretern und Zuschauern zum Verzehr angeboten. Was nach einem Shooting an Lebensmitteln übrig bleibt und verwertbar ist, wird konserviert und bei Bedarf weiter verwendet.

Wir achten Lebensmittel!

Es ist eine Maxime unseres Verlags, auch bei Fotoshootings sorgfältig damit umzugehen.

SCHOTTLAND live erleben ...
... in Good Old Scoermany - Scottish Germany

Dem kulturellen Botschafter für Schottland, Basil Wolfrhine, wurden als Spross einer deutsch/schottischen Verbindung die Traditionen der schottischen Highlands bereits in die Wiege gelegt, und seine Intensionen in Kunst und Kultur bestimmten schon früh sein abenteuerliches Leben.

Zusammen mit seinem Künstlerkollegen Hans Maria Mole feierte er als Maler und Aktionskünstler mit spektakulären Kunstaktionen internationale Erfolge.

Er gründete das Tartan-Museum für schottische Geschichte, den Club Claymore für schottische Tradition, und mit seinem Scottish Pop Rock Projekt begeistert er seit Jahren auch musikalisch.

Als Spezialist für schottische Geschichte in den Medien stetig vertreten und mehrfach ausgezeichnet, veröffentlichte er Kunst- und Kulturmagazine, Bildbände, Romane, Musikalben und DVD-Dokumentationen. Aktuell moderiert er zudem eine Radioshow in dem von ihm gegründeten SchottenRadio.

Tartan-Museum, ein Ort für schottische Geschichte im Landkreis Bad Kreuznach, am Rande des Soonwaldes, in der Gemeinde Spall in Deutschland zeigt dem Besucher einen Querschnitt durch die schottische Geschichte.

So sind über 3000 Tartans als Stoffmuster ausgestellt, die Geschichte der Clans, ihre Wappen und Traditionen werden neben Persönlichkeiten der schottischen Historie gezeigt, und Kleinode, Blankwaffen und Dokumente gewähren einen Einblick in das Leben der Hochlandbewohner.

In Dioramen, Schautafeln und einer historischen Zinnfigurensammlung werden Könige, Helden, Schlachten und Ereignisse dokumentiert und ein kleiner Teil des Museums beschäftigt sich mit populären Themen wie Nessie, Whisky und Dudelsack.

Weitere Räumlichkeiten zeigen eine Gemäldeausstellung der Künstler Mole & Wolfrhine mit teils schottischen Motiven und ein kleiner Scottish Pub lädt zum Verweilen ein.

Club Claymore ist eine Zusammenkunft von Historikern, Kulturbotschaftern und historisch interessierten Personen, die es sich zur Aufgabe gemacht haben, schottische Tradition über dessen Landesgrenze hinaus zu publizieren. 1993 von Basil Wolfrhine gegründet, informiert der Club mit Clubzeitung über schottische Traditionen und Geschichte.

Nähere Informationen unter:
Basil Wolfrhine
Soonwaldstr. 2a • 55595 Spall
www.wolfrhine.de
info@wolfrhine.de

SchottenRadio ist ein Webradio mit Sitz in Spall, in Rheinland-Pfalz, das sich vorwiegend dem Genre der keltischen Musik widmet. Neben klassischer schottischer Nationalmusic werden vor allem Titel aus den Bereichen Folk, Rock, Pop, Metal und Classics aus Schottland, Irland, Wales und Deutschland gespielt. Täglich keltische Music von A bis Z.
www.schottenradio.de

Hans Maria Mole *ist seit Jahren leidenschaftlicher Maler, Aktionskünstler und Publizist, der zusammen mit Basil Wolfrhine als Mole & Wolfrhine die Kunstform "Die nächste Generation" schuf. Moles Hauptinteresse galt schon früh der Aquarellmalerei und der Darstellung von realistischen Landschaften. So schuf er neben seinen international ausgestellten surrealen Werken unzählige Impressionen Schottlands.*

WIKINGER KOCHBUCH

▪Das erste Wikingerkochbuch

Hardcover
160 Seiten
ISBN 978-3-86738-033-1

Viele Mythen ranken sich um das nordische Seefahrervolk. Den Kochkünsten aber auch der Mythologie und der Lebensweise widmet sich unser Wikinger-Kochbuch. Welche Zutaten hatten die Wikinger zur Verfügung und wie machten sie daraus ihre Speisen. Auf der Suche nach Antworten entstanden leckere, selbst kreierte Rezepte! Ganz nebenbei erfährt der Leser spannende und historische Fakten über die Kultur der Seefahrer.

RITTER KOCHBUCH

▪Ideal für Mittelalterfans

Hardcover
121 Seiten
ISBN 978-3-86738-029-4

Wer einmal in den Gewölben einer einst uneinnehmbaren Feste im tanzenden Lichtschein der Fackeln einen guten Wein getrunken und dabei den Harfenklängen längst vergessener Melodien gelauscht hat, oder wer an solch einem Ort ein dunkles Bier zu gegarten Köstlichkeiten von einer sich biegenden Tafel verzehrt hat, weiß, wie schnell man alles um sich herum vergisst. Dieses Kochbuch gibt Inspiration und Anleitung zu einer kulinarischen Zeitreise an die im Feuerschein glühenden Herdstellen und prunkvollen Tafeln der Ritterzeit. Für alle, die in der Art der Ritter zu speisen wünschen oder ihren Met nach überlieferter Weise selbst herstellen möchten.

RÖMER KOCHBUCH

▪Röm. Küche – der Geheimtipp unter Gourmets

Hardcover
132 Seiten
ISBN 978-3-86738-028-7

Ausgezeichnet mit dem GOURMAND WORLD COOKBOOK AWARD

GOURMAND

Die römische Küche gilt seit vielen Jahren als Geheimtipp unter Gourmets. Das Römer Kochbuch beschreibt diese Küche von ihrer Entstehung in archaischer Zeit bis hin zur Vielfalt eines Marcus Gavius Apicius. Die damals vorhandenen Zutaten sind ebenso beschrieben wie die gesamte Bandbreite römischer Kräuter und Gewürze. Der Autor hat die besten antiken Gerichte und Menüs exklusiv in diesem Werk zusammengestellt. Von Vorspeisen über die vielfältigen Hauptgerichte und Beilagen bis hin zum Dessert des Imperium Romanum.

GLADIATOREN KOCHBUCH

Hardcover
96 Seiten
ISBN 978-3-7888-1633-9

Die römischen Gladiatoren waren nicht – wie häufig angenommen – die armen Kreaturen, die sich in der Arena abschlachten ließen. Im Gegenteil: Sie waren zum Teil Superstars wie heutzutage Fußball- oder Tennisspieler. Daher wurde sehr genau auf ihre Ernährung geachtet. Anhand eines Experimentes, welches der Autor mit Studenten der Uni Regensburg für ein halbes Jahr durchführte, stellte sich heraus, dass die grundlegende Ernährung der Gladiatoren unserer modernen Sport-ernährung meilenweit voraus ist. Christian Eckert erläutert in seinem Buch unterhaltsam, warum das so ist und bringt die nahrhafte Kost der römischen Sporthelden in leckeren Rezeptvorschlägen zur Geltung.

Grenze zwischen Highlands und Lowlands
Pentland Firth
Thurso
Mackay
Sinclair
Macleod
Murray
Dunrobin
Dornoch Firth
L. Broom
Mackenzie
Strath Oykell
Carbisdale
Dornoch
Tain
Ross
Moray Firth
Gordon Castle
Cromarty
Dingwall
Nairn R. & Tn
Elgin
Forres
Auldearn
Fochabers
Keith
Turriff 1639
Huntly
Inverness
Frazer
Chisholm
Macintosh
Findhorn
Grant
Gordon
Fyvie
Kintore
Alford
Aberdeen
Forbes
Dee
Loch Ness
Spey
Ft Augustus
Macdonald
Macdonald of Glengarry
Macdonald of Keppoch
Macpherson
Farquharson
Lindsay
Dunnottar
Macdonald of Clanranald
Cameron
Ft William
Blair Athol
Killiecrankie P.
Brechin
Menzies
Campbell
Coll
Maclean
Tyree
Mull
Stewart
Macdonald of Glencoe
L. Linnhe
Robertson
Aberfeldy
Alyth
Kirriemuir
Dunkeld
Blairgowrie
Arbroath
L. Tay
Tay
Murray
Tippermuir
Perth
Dundee
Firth of Tay
St Andrews
Macnab
L. Earn
Bethune
Cupar
Magus Muir
Firth of Lorne
Inverary
Kinross
Lindsay
Macgregor
Aberfoyle
L. Leven
Firth of Forth
Bass Rock
Dunbar
Graham
Stirling
Dunfermline
Seton
Macfie
Maclachlan
Linlithgow
Inverkeithing
Skye
Hebrides
58
56

join us!

Warum besuchen Sie nicht einmal die Autoren des Highlander Kochbuchs im Herzen der Malt Whisky Region in den schottischen Highlands.

Jörg und Fiona Bondzio haben sich mit ihrem Familienunternehmen „Sporting Scotland“ auf Corporate Hospitality und private Luxustouren in Schottland spezialisiert.